Gerd Kühn
Holger Floeting

Kommunale Wirtschaftsförderung
in Ostdeutschland

Difu-Beiträge zur Stadtforschung 13
Deutsches Institut für Urbanistik

Impressum

Autoren:
Dr. rer. nat. Gerd Kühn
Dipl.-Geogr. Holger Floeting
Redaktion:
Jürgen Spiegel
Erika Huber
Textverarbeitung:
Marlen Petukat
Graphik:
Christa Rothäusler
Gestaltung:
Johannes Rother, Berlin
Umschlagdruck:
Kupijai & Prochnow, Berlin
Druck und buchbinderische Verarbeitung:
Gerhard Weinert, Berlin
Titellithografie:
FotosatzWerkstatt, Berlin

ISBN 3-88118-178-4

Dieser Band ist auf chlorfreiem Papier gedruckt.

Die Deutsche Bibliothek – CIP-Einheitsaufnahme

Kühn, Gerd:
Kommunale Wirtschaftsförderung in Ostdeutschland / Gerd
Kühn ; Holger Floeting. – Berlin : Difu, 1995
    (Difu-Beiträge zur Stadtforschung ; 13)
    ISBN 3-88118-178-4
NE: Floeting, Holger:; Deutsches Institut für Urbanistik <Berlin>:
    Difu-Beiträge zur Stadtforschung

© Deutsches Institut für Urbanistik
Postfach 12 62 24
10593 Berlin
Straße des 17. Juni 110/112
10623 Berlin
Telefon (0 30) 3 90 01-0
Fax (0 30) 39 00 11 00

Inhalt

Verzeichnis der Tabellen:

4

Verzeichnis der Abbildungen:

Verzeichnis der Karten:

Vorwort

Mit der vorliegenden Veröffentlichung wird ein mehrjähriges Forschungsprojekt des Deutschen Instituts für Urbanistik (Difu) abgeschlossen, dessen Entstehung und Verlauf in engem Zusammenhang mit dem Umbruch und Neubeginn im Osten Deutschlands zu sehen sind. Mit den Themen Wirtschaftsförderung und Gewerbepolitik stand ein für die ostdeutschen Kommunalverwaltungen und Stadtpolitiker zunächst weitgehend neues, gleichwohl besonders wichtiges Aufgabenfeld im Mittelpunkt des Projekts.

Bei diesem Projekt ging es im wesentlichen um zwei Ziele: erstens, den für gewerbepolitische Maßnahmen Verantwortlichen in ostdeutschen Kommunen dabei behilflich zu sein, möglichst rasch effiziente Arbeit zu leisten; zweitens, den Entwicklungsstand der kommunalen Wirtschaftsförderung nach einer ersten Entwicklungsphase 1990 bis 1993 zu analysieren.

Die außergewöhnliche Ausgangssituation, nämlich ein Neubeginn in weiten Teilen der Verwaltung, bedingte eine dieser Situation angepaßte "Projektphilosophie": Das Projekt wurde in zwei Phasen gegliedert, wobei in der ersten "unkonventionellen" Phase ostdeutschen Kommunen gezielte Hilfestellungen für deren tägliche Arbeit gegeben wurden. Dies geschah durch Vor-Ort-Beratung von Städten zu aktuellen gewerbepolitischen Themenfeldern. Daneben wurden die Wirtschaftsförderer aus ostdeutschen Kommunen mit mehr als 20 000 Einwohnern zu speziellen Fortbildungsseminaren ins Difu eingeladen. Und schließlich erhielten alle Mitgliedstädte des Deutschen Städtetages in den neuen Bundesländern Informationsleistungen durch eine Reihe von Arbeitshilfen.

Im Mittelpunkt der zweiten Projektphase stand eine schriftliche Umfrage bei den Wirtschaftsförderern in ostdeutschen Städten mit mehr als 10 000 Einwohnern und in sämtlichen Landkreisen. Schwerpunkte bildeten Fragen zur Verwaltungsorganisation, zu Wirtschaftskonzepten, Gewerbeflächenangebot und -nachfrage, zum weiteren Instrumentarium der kommunalen Wirtschaftsförderung und zur Gewerbepolitik sowie zu Hemmnissen, die der ökonomischen Entwicklung in

Städten und Gemeinden entgegenstehen. In Ergänzung der Umfrage wurden Gespräche mit Fachleuten aus Verwaltung und Wirtschaft geführt.

Wir möchten uns bei allen Beteiligten bedanken, die uns durch ihre Unterstützung halfen, diese Studie mit ihren flächendeckenden und repräsentativen Ergebnissen zur Rolle der kommunalen Wirtschaftsförderung in den neuen Bundesländern vorlegen zu können. An den Vorarbeiten zum Projekt, an dessen Konzipierung und an den Arbeiten der ersten Phase war Dr. Michael Stobernack maßgeblich beteiligt. Gleiches gilt für Dr. Gisela Gielow, die darüber hinaus die Umfrage mit "auf den Weg brachte". Beiden gilt gleichfalls unser Dank.

Berlin, Oktober 1994

Gerd Kühn
Holger Floeting

Zusammenfassung

Die Vereinigung der beiden deutschen Staaten war für Ostdeutschland mit einem wirtschaftlichen, sozialen, rechtlichen und institutionellen Strukturbruch verbunden. Vor allem die Umstrukturierung und der Neuaufbau der Wirtschaft der ehemaligen DDR gestalten sich sehr viel schwieriger, als 1990 vorausgesagt. Die Bewältigung des ökonomischen Strukturbruches wird wesentlich teurer, dauert wesentlich länger und hinterläßt auf nicht absehbare Zeit tiefe Spuren auf dem ostdeutschen Arbeitsmarkt. Auch hat sich die Rolle der ostdeutschen Kommunen erheblich gewandelt. Sie sind nicht mehr "Durchsetzungsorgan" zentraler Weisungen, sondern selbstverwaltete Einheiten mit breitem Aufgabenspektrum und Verantwortlichkeiten. Das stellt sie auch in bezug auf die Wirtschaft vor neue Aufgaben.

Die für die kommunale Wirtschaftsförderung verantwortlichen Handlungsträger, die unter hohem Erwartungs- und Zeitdruck stehen, müssen gewerbepolitische Strategien entwickeln und zu deren Umsetzung eine große Anzahl von Maßnahmen planen und durchführen. Das Oberziel, bereits vorhandene Arbeitsplätze zu erhalten und neue zu schaffen, soll durch die strategischen Ansätze Bestandspflege und Existenzgründungsförderung sowie Ansiedlung neuer Betriebe erreicht werden. Dazu setzen die ostdeutschen Städte, Gemeinden und Kreise neben einer angebotsorientierten Gewerbeflächenmobilisierung eine Reihe weiterer wirtschaftsfördernder Instrumente ein, wozu unter anderem die Standortwerbung, die Bereitstellung unternehmensbezogener Infrastruktureinrichtungen und die Steuerung der Ansiedlung großflächiger Handelsbetriebe zählen.

Um mehr über die kommunalen Aktivitäten zur Förderung der Wirtschaft in den neuen Bundesländern zu erfahren, hat das Deutsche Institut für Urbanistik, Berlin, im Sommer 1993 eine schriftliche Umfrage unter sämtlichen ostdeutschen Städten ab 10 000 Einwohner und sämtlichen Landkreisen durchgeführt. Die Rücklaufquoten bei den Städten (74 Prozent) und Kreisen (83 Prozent) bieten die Gewähr, daß die nachstehend zusammengefaßten Umfrageergebnisse repräsentativ sind:

Die Mehrheit der befragten Städte und Kreise Ostdeutschlands trägt der großen Bedeutung kommunaler Wirtschaftsförderung für die ökonomische Entwicklung durch die Einrichtung eigenständiger Dienststellen Rechnung. Wie gut sich die kommunale Wirtschaftsförderung durchsetzen läßt, hängt stark von ihrer Einbindung in das Kompetenzgefüge der Kommune ab. Rund 40 Prozent der ostdeutschen Städte macht die Wirtschaftsförderung durch die direkte Unterstellung unter den (Ober-)Bürgermeister zur "Chefsache". In den Kreisen ist eine direkte Unterstellung unter den Landrat seltener. Die Kommunen haben die Wahl zwischen privatrechtlicher und/oder öffentlicher Wirtschaftsförderungseinrichtung, wobei mit den unterschiedlichen Rechtsformen spezifische Vor- und Nachteile verbunden sind - eine "Patentlösung" gibt es also nicht. Die Personalausstattung der öffentlichen Dienststellen in Ostdeutschland ist - auch verglichen mit westdeutschen Ämtern - gut.

Die kommunalen Wirtschaftsförderungseinrichtungen haben Konzepte in ansehnlicher Vielfalt entwickelt. Die Städte konzentrieren sich dabei auf aufgabenspezifische Konzepte, z. B. Einzelhandel, Gewerbeflächen, während sich die Kreise häufiger mit übergeordneten Konzepten und strategischen Überlegungen befassen. Die Bereitstellung von Gewerbeflächen ist die Grundlage kommunaler Wirtschaftsförderung, weshalb am häufigsten solche Konzepte genannt wurden. Von ähnlicher Dringlichkeit ist die Steuerung der Einzelhandelsentwicklung, wofür dementsprechend häufig die Städte Konzepte entwickelt haben. Trotz hohen Problemdrucks auch in Bereichen wie beispielsweise dem Brachflächenrecycling und arbeitsmarktpolitischer Maßnahmen, waren zum Zeitpunkt der Umfrage erst wenige Städte zur Entwicklung entsprechender Konzepte gekommen.

Die Planung und Erschließung neuer Gewerbegebiete hat zu räumlich ganz unterschiedlichen Ergebnissen geführt: Der immer wieder erhobene Vorwurf einer übermäßigen Planung und "Produktion" erschlossener Flächen ist mit Blick auf kleinere Städte und Gemeinden berechtigt. In den ostdeutschen Großstädten stehen hingegen im Durchschnitt nur drei Quadratmeter baureife Neuflächen pro Einwohner zur Verfügung. Mithin kann dort - auch im Vergleich mit westdeutschen Städten - nicht von einem Überfluß an erschlossenen Gewerbeflächen ausgegangen werden, vielmehr fehlen vielfach Grundstücke in ausreichender Größe und Qualität. Für die neuen Gewerbegebiete befragter Städte errechnet sich ein durchschnittlicher Belegungsgrad von fast 70 Prozent, schwankend zwischen knapp 60 Prozent in kleineren Mittelstädten und über 86 Prozent in den Großstädten. Dabei darf man nicht außer acht lassen, daß in zahlreichen Kleinstädten (mit weniger als 10 000 Einwohnern) und Dörfern der jeweilige Belegungsgrad neuer Gewerbegebiete deutlich unter 60 Prozent liegt. Ein Vergleich der Befragungsergebnisse mit Schätzungen der Wirtschaftsministerien ostdeutscher Länder führt zu dem Schluß, daß die Länder die Auslastung von Gewerbeflächen insgesamt zu optimistisch einschätzen.

Als eine Folge der wirtschaftlichen Entwicklung sind in Ostdeutschland Gewerbebrachen entstanden, deren Umfang bei mehreren tausend Hektar liegen dürfte. Zwar handelt es sich hierbei um ein erhebliches Potential möglicher künftiger Gewerbeflächen, indes ist die umfassende Reaktivierung dieser Gelände insgesamt eine Langfristaufgabe. Ungeachtet aller auftretenden Probleme, wie beispielsweise verbreiteter Bodenverunreinigungen, befassen sich bereits 80 Prozent der befragten Kommunen mit dem Flächenrecycling, wobei größere Städte am aktivsten sind. Die aufbereiteten Flächen sollen künftig fast ausschließlich wieder gewerblich genutzt werden.

Im Rahmen der Gemeinschaftsaufgabe "Verbesserung der regionalen Wirtschaftsstruktur" - als wichtigstem Instrument der regionalen Strukturpolitik von Bund und Ländern - wird im Bereich der wirtschaftsnahen Infrastruktur auch die Erschließung kommunaler Gewerbegebiete gefördert, vorausgesetzt, daß jeweils mindestens 51 Prozent der Flächen an Betriebe des produzierenden Gewerbes vergeben werden. Drei Viertel der befragten Städte haben eine staatliche Förderung in Anspruch genommen. Dabei zeigt sich, daß - im relativen Vergleich mit den Großstädten - nicht soviel kleinere Städte Fördermittel erhalten haben. Der Umfang geförderter Gewerbeflächen liegt in kleinen Mittelstädten allerdings bei durchschnittlich 18 Quadratmetern pro Einwohner gegenüber lediglich drei Quadratmetern in den großen Städten.

Das aus dem Einigungsvertrag von 1990 hervorgegangene Prinzip Eigentumsrückgabe vor Entschädigung hat die Möglichkeiten der ostdeutschen Kommunen, kurzfristig Flächen für Gewerbenutzungen zu mobilisieren, erheblich eingeschränkt. Seit 1990 sind insgesamt fast 2,2 Millionen Anträge von privaten Alteigentümern auf die Rückübertragung von Liegenschaften gestellt worden. In Anbetracht der Blockadewirkung dieser Antragsflut hat der Gesetzgeber mit der sogenannten "Vorfahrtsregelung" nach dem Investitionsvorranggesetz Möglichkeiten eröffnet, investiven Maßnahmen den Vorrang vor einer Rückübertragung einzuräumen. Ein beträchtlicher Teil der damit verbundenen Verwaltungsverfahren liegt in den Händen der Kommunen; diese machen von den gesetzlichen Regelungen regen Gebrauch: Etwa 90 Prozent der befragten Städte und Kreise haben bis Mitte 1993 entsprechende Verwaltungsverfahren eingeleitet. Es überrascht, wie groß die Spannbreite der eingeleiteten Verfahren ist, reicht sie doch z. B. bei den Großstädten von weniger als zehn bis hin zu mehr als tausend Verfahren.

Einen Grundstücksmarkt hat es in der DDR nicht gegeben, so daß man 1990 vor einem völligen Neubeginn stand. Die sprunghaft steigende Nachfrage bei einem zunächst sehr geringen Angebot an gewerblich nutzbaren Grundstücken führte zu einem hohen Preisniveau. Trotz einer inzwischen eingetretenen Marktberuhigung lagen die Preise für erschlossene Gewerbeflächen in den befragten Städten 1993 im Durchschnitt noch bei 62 DM pro Quadratmeter; den Kreisangaben zufolge errechnet sich für kreisangehörige Städte und Gemeinden ein Durchschnittspreis von 46 DM pro Quadratmeter. Allerdings wird in zahlreichen, ungünstig gelegenen Kommunen mit "Dumpingpreisen" von zum Teil unter zehn DM um - bislang oft ausbleibende - Investoren geworben. In Großstädten hingegen steigen die Preise bis auf 625 DM pro Quadratmeter an. Insgesamt ist davon auszugehen, daß eine Ausweitung des Angebots an erschlossenen Gewerbeflächen künftig zu Preisrückgängen führen wird.

In den neuen Bundesländern haben sich vor allem Handels- und Dienstleistungsunternehmen angesiedelt, überraschend hoch ist jedoch auch der von den befragten Kommunen angegebene Anteil industrieller Investoren. Nach einem anfänglichen Investitionsschub hat sich das Wachstum der Investitionen 1993 aber verlangsamt. Verglichen mit der sektoralen Struktur der Investitionen in Westdeutschland sind die Investitionsanteile von Land- und Forstwirtschaft, Handels und Dienstleistungsunternehmen und gerade in der Industrie gering. Die Investoren kommen jeweils zu etwa der Hälfte aus Ost- und Westdeutschland. Der Anteil ausländischer Investoren ist mit kleinen regionalen Abweichungen gering.

Bei ihren Bestrebungen, neue Betriebe in der Stadt/im Kreis anzusiedeln, betreiben mehr als 90 Prozent der ostdeutschen Kommunen Standortwerbung. Maßnahmen der allgemeinen Standortwerbung, vornehmlich die Verbreitung von Werbebroschüren, werden am häufigsten durchgeführt, nämlich von rund 97 Prozent der Kreise und 82 Prozent der Städte. Dies, obwohl man eigentlich seit langem weiß, daß die Erfolge solcher Aktivitäten insgesamt eher gering sind. Erstaunlich hoch ist allerdings auch der Anteil von Städten und Kreisen, die gezielt Kontakte zu ausgewählten Unternehmen herstellen. Die Chancen für einen Erfolg solcher gezielten Standortwerbung sind weitaus höher zu veranschlagen.

Ein zentrales Aufgabenfeld kommunaler Wirtschaftsförderung ist die Pflege des Bestandes ansässiger Unternehmen sowie die Betreuung von Existenzgründern. Sie bildet die Voraussetzung für den Zugang zu Informationen über Schwierigkeiten von Firmen. Gute Kontakte der Wirtschaftsförderer zu ortsansässigen Betrieben schaffen Vertrauen in den Geschäftsleitungen. Ein wichtiges Instrument der Bestandspflege sind Betriebsbesuche; 84 Prozent der befragten Städte und über 94 Prozent der Kreise stellen auf diesem Weg Kontakte zur Wirtschaft her. Fehlende, kostengünstige Gewerberäume sind ein typisches Problem junger Firmen. Je nach den Anforderungen an Räumlichkeiten und Gemeinschaftseinrichtungen (wie etwa Schreibdienste, Kommunikationsdienste, Beratungshilfen) sowie an das lokale Umfeld kann ein Teil der Existenzgründer in Gewerbezentren untergebracht werden. Gewerbehofprojekte wurden am häufigsten genannt: In etwa 64 Prozent der Städte bzw. 48 Prozent der Kreise werden Gewerbehöfe schon betrieben oder gerade eingerichtet. Bemerkenswert ist der Trend zur Gründung von Technologie- und Innovationszentren in Ostdeutschland, wo bis Ende 1994 immerhin 60 der 175 deutschen Zentren den Betrieb aufgenommen haben.

Der zügige Ablauf und Abschluß einer Reihe von Planungs- und Genehmigungs-verfahren hat einen erheblichen Einfluß auf die rasche Bereitstellung und Bebau-ung von Gewerbeflächen. Bebauungspläne sowie Vorhaben- und Erschließungs-pläne schaffen Baurecht; ohne das Baugenehmigungsverfahren und das immissi-onsschutzrechtliche Genehmigungsverfahren können Gewerbebauten nicht er-richtet und genehmigungspflichtige Produktionsanlagen nicht in Betrieb genom-men werden. Die Difu-Umfrage kommt zum Ergebnis, daß Planungsverfahren - auch verglichen mit westdeutschen Erfahrungswerten - zum Teil in überraschend kurzer Zeit durchgeführt werden. So geben z. B. fast 45 Prozent der befragten Städte an, Bebauungspläne innerhalb eines Jahres aufzustellen. Baugenehmi-gungsverfahren werden in der Mehrzahl innerhalb von sechs Monaten abge-schlossen; so die Auskunft von über 80 Prozent der Kommunen. Offensichtlich führen Verfahrenserleichterungen und -straffungen bei der Aufstellung von Vor-haben- und Erschließungsplänen zu Zeiteinsparungen. In mehr als 30 Prozent der ostdeutschen Städte und über 47 Prozent der Kreise werden solche Pläne inner-halb eines halben Jahres aufgestellt.

Durch die hastige Umstrukturierung des ostdeutschen Einzelhandels sind häufig viel zu große Handelsbetriebe nicht nur in zu kleinen Gemeinden, sondern auch an falschen, dezentralen Standorten in den Außenbereichen der Städte entstan-den. Vornehmlich mit Blick auf die Entwicklung des innerstädtischen Einzelhan-dels ist eine kommunale Beeinflussung der Aktivitäten großflächiger Einzelhan-delsbetriebe zwingend erforderlich. Fast alle an der Difu-Umfrage beteiligten Städte haben inzwischen Maßnahmen zur Steuerung der Ansiedlung großer Han-delsbetriebe ergriffen. Drei Viertel dieser Städte arbeiten mit Einzelhandelsrah-menkonzepten und der überwiegende Teil der Kommunen gibt an, die vorhan-denen planungsrechtlichen Instrumente einzusetzen. Selbst vor dem Klageweg scheut nach eigenen Angaben eine ganze Anzahl (19 Prozent der Städte) nicht zurück.

Die Unterstützung von Firmen durch die Gewährung von Bürgschaften sowie die Vergabe zinsgünstiger kommunaler Darlehen - staatlicherseits ungern gesehen - erfolgt in ostdeutschen Kommunen sicher nicht nur als zusätzlicher Anreiz zur Ansiedlung, sondern auch als Hilfe für in Bedrängnis geratene ortsansässige Fir-men. Rund 39 Prozent der befragten Städte und knapp 30 Prozent der Landkreise melden die Gewährung kommunaler Bürgschaften. Acht Prozent der Städte und etwa 14 Prozent der Kreise berichten über die Vergabe kommunaler Darlehen. Die Stundung öffentlicher Abgaben melden knapp 40 Prozent der Städte und we-niger als 20 Prozent der Kreise. Lediglich etwa jede zehnte Kommune gibt an, Sonderkonditionen bei Versorgungs- und Entsorgungsleistungen eingeräumt zu haben.

Eine Vielzahl unterschiedlicher Akteure bestimmt die wirtschaftliche Entwicklung der Kommunen. Von großer Bedeutung für die Effektivität kommunaler Wirtschaftsförderung ist daher die Kontaktpflege zu den unterschiedlichen Handlungs-trägern. Sie ist erwartungsgemäß besonders intensiv zu den Unternehmen und Wirtschaftsverbänden. Deutlich wird auch die zentrale Rolle der Treuhandanstalt und der Bundesanstalt für Arbeit für die wirtschaftliche Entwicklung in den Kommunen. Häufige Kontakte zu Technologietransferstellen spielen dagegen vor allem für die großen Städte eine Rolle.

Der wirtschaftlichen Entwicklung der ostdeutschen Kommunen steht eine Vielzahl von Hemmnissen entgegen. Als wichtigste aktuelle Engpässe sind in den Städten der Wohnraummangel und in den Kreisen die unzureichende Telekommunikationsversorgung anzusehen. Während diese Hemmnisse nur bedingt durch kommunale Initiative beseitigt werden können, haben die Städte und Kreise bei den internen Defiziten konkrete Handlungsmöglichkeiten. Ansatzpunkte für Verbesserungen sehen die Kommunen vor allem bei der Bearbeitungszeit für Planungs- und Genehmigungsverfahren und bei Förderprogrammen für die Wirtschaft. Die interkommunale Zusammenarbeit wird dagegen weit weniger als sehr wichtiger Ansatzpunkt für Verbesserungen angesehen und damit in ihrer Bedeutung wohl erheblich unterschätzt. Gerade im Zeichen eines schärferen Wettbewerbs um Investoren und Unternehmen und größerer Anforderungen an spezialisierte Gewerbeflächen bedarf eine effektive kommunale Wirtschaftsförderung der interkommunalen Zusammenarbeit.

Abstract

Community Economic and Business Development in East Germany[*]

In coping with the radical change in East German business structures and the concomitant reorganization of the economy, cities and counties face a number of important policy tasks. No longer compelled to function as an extension of centralized national agencies, East German communities are now in a position to address such tasks under their own responsibility. For those involved, this entails not only the development of new business policy strategies, but the planning and implementation of a range of economic support measures.

The present Difu study discusses the results of a written survey conducted in 1993, which aimed at determining the type and extent of community business development measures taken to date in East German cities of 10,000 population or more, as well as in every county in that region.

First, data and findings concerning the organization of community economic development and the staff of the relevant agencies are presented. This is followed by a review of the present status of business policy concepts and strategic

[*] Übersetzung: John Gabriel.

planning on the part of cities and counties. A further focus of the study is on an analysis of the commercial sites potentially available to communities. We discuss the provision of new commercial areas and the factor of property prices, as well as the recycling of phased-out industrial plants, national government development of community zoning policy, and the key issue of disputed property rights. The available supply of commercial properties is compared to the demand, distributed in terms of the sector and region from which investors and newly located companies originate.

Any effective utilization of the instruments of community aid to business will include such activities as public relations campaigns to attract investors, and the maintenence of existing facilities. Equally important, however, are the way in which communities deal with the applications to locate of retail companies whose operations require large areas, and with the issue of granting (or refusing to grant) subsidies to certain businesses. Good contacts, both within the administration and to other local and regional agencies, facilitate the implementation of the necessary measures. The study presents a great range of results pertaining to all of these fields of activity.

In a further chapter, deficits with regard to location factors and their effects on commercial development are discussed from the vantage point of community economic development agencies, and suggestions on ways to improve their programmes are outlined.

The study concludes with recommendations towards a more efficient handling of business policy measures and tasks on the part of East German cities and counties.

1. Die veränderten Rahmenbedingungen in Ost-deutschland nach 1989

Mit der Vereinigung haben sich die wirtschaftlichen, sozialen, rechtlichen und institutionellen Rahmenbedingungen in Ostdeutschland schlagartig verändert. Das gilt auch für die kommunale Ebene, die im übrigen als einzige institutionelle Ebene die "Wende" überlebt hat.

In der DDR waren die Kommunen als "örtliche Staatsorgane" an die Weisungen des Zentralstaats gebunden. Die Aufgaben der Kommunen in bezug auf die Wirtschaft bestanden vor allem in der Sicherung der Standortbedingungen für die zentral gelenkten Kombinate und volkseigenen Betriebe. Mit der Vereinigung hat sich das Aufgabenspektrum der Kommunen in Ostdeutschland grundlegend verändert[1]. Das Prinzip der Subsidiarität und das Recht der kommunalen Selbstverwaltung eröffnet den Kommunen einen breiten Handlungsspielraum (Haushalt, Personal, Planung usw.) und weist ihnen gleichzeitig eine Fülle von Verantwortlichkeiten zu[2].

Der Zustand der Wirtschaft in den neuen Bundesländern ist nach wie vor kritisch. Die Auflösung der großbetrieblichen Strukturen, der Verlust der Ostmärkte, der starke Konkurrenzdruck westdeutscher und ausländischer Unternehmen und der Aufbau eines leistungsfähigen Dienstleistungssektors quasi aus dem Nichts sind mit erheblichen wirtschaftlichen und sozialen Verwerfungen verbunden, insbesondere im Zeichen des wirtschaftsstrukturellen Wandels auch in den alten Bundesländern:

- Das ostdeutsche Bruttoinlandsprodukt betrug 1993 real 212,5 Mrd. DM. Bei einem Bevölkerungsanteil der neuen Bundesländer von etwa 20 Prozent liegt der Anteil am Bruttoinlandsprodukt bei nur 8,3 Prozent. Der größte Anteil am

---

1 Zu den Veränderungen in der Kommunalverwaltung vgl. *Hellmut Wollmann*, Kommu-nalpolitik und -verwaltung in Ostdeutschland im Umbruch und Übergang, in: Roland Roth und Hellmut Wollmann, Kommunalpolitik. Politisches Handeln in den Gemein-den, Bonn 1993, S. 20-33 (Schriftenreihe der Bundeszentrale für politische Bildung, Bd. 320).
2 Zur Rolle der kommunalen Wirtschaftsförderung vgl. Kap. 2.

ostdeutschen Bruttoinlandsprodukt entfiel auf Sachsen (29,7 Prozent), gefolgt von Sachsen-Anhalt (18,2 Prozent), Brandenburg (16,5 Prozent), Thüringen (15 Prozent), Mecklenburg-Vorpommern (11,3 Prozent) und Ost-Berlin (9,3 Prozent)[3]. Berechnet auf die Einwohner liegt das Bruttoinlandsprodukt damit unter der Hälfte des Durchschnitts in der Europäischen Union und damit noch hinter Griechenland an letzter Stelle[4]. Der Transferbedarf in die ostdeutsche Wirtschaft sinkt zwar, doch bleiben die Transferleistungen hoch: Von nötigen Realtransfers aus Westdeutschland bis zum Jahr 2000 in dreistelliger Milliardenhöhe ist die Rede[5].

- Im Verarbeitenden Gewerbe (einschließlich Klein- und Handwerksbetrieben) ging die Zahl der Beschäftigten um nahezu zwei Drittel zurück. Das entspricht einem Beschäftigungsverlust von 2,1 Millionen. Der Beschäftigungsabbau lag in der Regel bei 60 bis 75 Prozent der ehemaligen Belegschaftsstärke[6]. Allein durch die Liquidation von Treuhand-Betrieben, von der bis Ende 1993 rund 3000 Unternehmen betroffen waren, sind knapp 230 000 Arbeitsplätze weggefallen. Ein Deindustrialisierungsprozeß wird in allen Teilräumen Ostdeutschlands sichtbar, der industriell geprägte Süden ist aber besonders betroffen.

- Die sektorale Struktur der ostdeutschen Wirtschaft hat sich durchgreifend verändert. Der Anteil der Beschäftigten im Verarbeitenden Gewerbe ging von 35 Prozent (1989) auf 21 Prozent (1993) zurück und nimmt 1994 noch weiter ab. Auch die Beschäftigungsanteile in der Landwirtschaft, im Verkehr und im Staatsbereich sind rückläufig. Obwohl der Anteil der Dienstleistungsbeschäftigten nach der Wende erheblich gewachsen ist, kann doch die Zahl der neuen Arbeitsplätze in diesem Bereich keinesfalls den Verlust von Arbeitsplätzen im Verarbeitenden Gewerbe kompensieren. So wie sich die Beschäftigungsstruktur in Ostdeutschland entwickelt hat, kann bisher auch noch nicht von einer Angleichung an westdeutsche Verhältnisse gesprochen werden. Verglichen mit Westdeutschland haben die Bereiche Produzierendes Gewerbe, Land- und Forstwirtschaft, Handel und Verkehr und private Dienstleistungen geringere Anteile an der Gesamtbeschäftigung[7].

- Mit der Währungsunion konnten die meisten Produkte nicht mehr in den Ostmärkten abgesetzt werden. Dominierte in der DDR der RGW-Handel, so werden heute nur noch 10 Prozent der Umsätze der ostdeutschen Industrie im

---

3 *Handelsblatt* vom 25.4.1994.
4 Angaben des Statistischen Amts der Europäischen Gemeinschaften (Eurostat), in: Die Wirtschaft vom 28.7.1994.
5 *Wirtschaftswoche*, Nr. 1/2 (1994).
6 Vgl. *Fred Klinger*, Aufbau und Erneuerung. Über die institutionellen Bedingungen der Standortentwicklung in Deutschland, in: Das Parlament, Beilage B 17/94, vom 29.4.1994, S. 3-13.
7 Vgl. *iwd* vom 12. 5. 1994.

Handel mit den osteuropäischen Staaten erzielt. 54 Prozent des Umsatzes entfallen dagegen auf den ostdeutschen Markt, ein Drittel sogar auf einen Umkreis innerhalb von 30 km von der Betriebsstätte. Dies macht den Umbruch deutlich, aber auch die zur Zeit noch sehr eng begrenzten Absatzmärkte und die Exportschwäche der ostdeutschen Industrie[8]. Auch im innerdeutschen Handel besteht ein erhebliches Ungleichgewicht zugunsten der alten Bundesländer. Während Westdeutschland 1993 ostdeutsche Waren und Dienstleistungen im Wert von 36 Mrd. DM bezogen hat, betrug der Wert in umgekehrter Richtung 250 Mrd. DM. Das entspricht Einfuhren pro Kopf für 15 800 DM nach Ostdeutschland gegenüber westdeutschen Einfuhren von 550 DM und ostdeutschen Exporten von 2300 DM pro Kopf gegenüber 3800 DM aus Westdeutschland[9].

- Gemessen an der Bruttowertschöpfung je Erwerbstätigen beträgt der Rückstand der ostdeutschen Wirtschaft gegenüber Westdeutschland noch 55 Prozent. Anfang 1993 schrieben erst 20 Prozent der ostdeutschen Firmen "schwarze Zahlen"[10]. Bei den Bau- und Handelsunternehmen haben mittlerweile 75 Prozent die Gewinnzone erreicht. Bei den Industrieunternehmen sind es trotz verbesserter Ertragslage bisher erst 10 Prozent[11].

- 1993 gab es ohne Arbeitsbeschaffungsmaßnahmen und Kurzarbeit 5,8 Millionen Arbeitsplätze in Ostdeutschland bei einem Bevölkerungsbestand von etwa 17 Millionen. Rund 1,1 Millionen Menschen in Ostdeutschland aber sind arbeitslos. Zeitweise waren 3,5 Millionen Arbeitnehmer in Ostdeutschland in sogenannte "arbeitsmarktentlastende Maßnahmen" oder Lohnersatz einbezogen. 2,5 Millionen waren es noch Ende 1993. Um in Ostdeutschland ein ähnliches Verhältnis zwischen Erwerbstätigen und Wohnbevölkerung wie in Westdeutschland zu erreichen, fehlen rund 1,25 Millionen Arbeitsplätze[12]. Die ostdeutschen Industrieunternehmen aber rechnen mit einem weiteren Beschäftigungsabbau. Dies gilt insbesondere für die verbliebenen Treuhandunternehmen, ferner für die Branchen Elektrotechnik, Eisen/NE-Metalle/Gießereien, Chemie, Maschinenbau, Feinkeramik/Glas, die Unternehmen mit 500 und mehr Beschäftigten und die Unternehmen, deren Konkurrenz auch oder ausschließlich außerhalb der neuen Bundesländer sitzt. Demgegenüber geben aber auch 22 Prozent der ostdeutschen Industrieunternehmen und ein Drittel der ostdeutschen Handwerksunternehmen an, daß sie einen schwer zu deckenden Personalbedarf haben[13].

---

8 Vgl. *DIW Wochenbericht*, H. 15 (1994).
9 *Handelsblatt* vom 14.4.1994.
10 Vgl. *Manfred Wegner*, Produktionsstandort Ostdeutschland. Zum Stand der Modernisierung und Erneuerung der Wirtschaft in den neuen Bundesländern, in: Das Parlament, Beilage B 17/94 vom 29.4.1994, S.14-23.
11 *Handelsblatt* vom 21.7.1994.
12 Vgl. *Iwd* vom 12.5.1994; *Handelsblatt* vom 21.7.1994.
13 Vgl. *DIW Wochenbericht*, H. 15, 1994.

Die Aufbruchstimmung ist häufig ernüchtertem Realismus gewichen: "An einen kurz bevorstehenden, sogenannten 'selbsttragenden Aufschwung Ost' glauben selbst Optimisten nicht mehr."[14] Die Situation in den einzelnen Regionen, in Verdichtungsräumen und eher ländlich geprägten Bereichen, in den unterschiedlichen Wirtschaftssektoren und selbst innerhalb der Sektoren ist jedoch differenzierter zu betrachten (vgl. Kap. 7.)

- Auswirkungen für die Kommunen: Die Steuereinkünfte der Kommunen sind durch entgangene Gewerbesteuer und Ausfälle bei der Einkommensteuer wegen hoher Arbeitslosigkeit gering. 1993 lagen sie pro Einwohner bei einem Viertel der Einnahmen im Westen, 1994 sollen sie auf 30 Prozent steigen. Das Aufkommen aus der Gewerbesteuer machte sogar nur 12 Prozent des Westniveaus aus. Da die Übertragung der Betriebe der Wasserver- und Abwasserentsorgung durch die Treuhandanstalt immer noch nicht abgeschlossen ist, entfiel für viele Kommunen ein wesentlicher Bereich für Gebühreneinnahmen. Auch die Pro-Kopf-Einnahmen aus Gebühren lagen daher unter denen in Westdeutschland, obwohl sie 1993 deutlich, auf 4,9 Mrd. DM, gestiegen sind. Die ostdeutschen Kommunen nehmen vor allem bei Kindertagesstätten, Pflegeheimen und der Abfallbeseitigung Gebühren ein.

- Demgegenüber stehen die erheblich höheren Personalkosten in den ostdeutschen Städten und Gemeinden. Während in Westdeutschland 163 Vollzeitkräfte je 10 000 Einwohner in den Kommunen beschäftigt sind, sind es in Ostdeutschland 370. Die Personalstruktur in den ostdeutschen Kommunen unterscheidet sich noch erheblich von der westdeutscher Kommunen. Verglichen mit Westdeutschland lagen die Personalausgaben der ostdeutschen Kommunen 1993 bei 137 Prozent. Auch entstehen den Kommunen erhebliche soziale Lasten. Obwohl die Sozialausgaben der ostdeutschen Kommunen klar unter denen im Westen liegen, zeigt sich doch ein deutlicher Anstieg: Machten sie 1992 nur 44 Prozent des Westniveaus aus, waren es 1993 schon 57 Prozent, und für 1994 wurde mit 71 Prozent gerechnet. Die ostdeutschen Kommunen müssen auch sehr viel mehr investieren, um den Rückstand bei der Ausstattung mit Infrastruktureinrichtungen gegenüber Westdeutschland abzubauen. 1993 lagen die Pro-Kopf-Investitionen ostdeutscher Städte und Gemeinden bei 174 Prozent des Westniveaus[15]. Folglich sind die Städte und Gemeinden in außerordentlichem Maß von Zuweisungen des Bundes und des jeweiligen Landes abhängig.

- Die öffentlichen Transferleistungen für Ostdeutschland beliefen sich 1993 auf etwa 168 Mrd. DM. Der größte Teil entfiel auf Leistungen des Bundes (47 Mrd.) und der Treuhandanstalt (38 Mrd.). 35 Mrd. DM wurden durch den Fonds "Deutsche Einheit", 32 Mrd. DM durch die Bundesanstalt für Arbeit be-

---

14 *Handelsblatt* vom 31.12.1993.
15 Vgl. ebenda vom 17.3.1994 und vom 3./4.6.1994.

reitgestellt. Die Länder und Gemeinden Westdeutschlands waren mit Transferleistungen von 10,5 Mrd. DM beteiligt. Der Restbetrag entfiel auf Leistungen der Rentenversicherung (5 Mrd.) und Zinssubventionen (ERP-Mittel, Kreditanstalt für Wiederaufbau)[16]. Die ostdeutschen Kommunen erhielten 1993 mit 1612 DM je Einwohner nahezu doppelt so hohe laufende Zuweisungen wie die westdeutschen, die Investitionszuweisungen machten sogar das dreifache des westdeutschen Werts aus[17].

Angesichts des erheblichen Nachholbedarfs in Ostdeutschland im Zuge der Herstellung gleichwertiger Lebensverhältnisse sind die Gemeinden und Landkreise in allen kommunalen Aufgabenbereichen gefordert. Ein vordringliches Ziel muß dabei die Sicherung vorhandener Arbeitsplätze, die Ansiedlung neuer Betriebe und die Verbesserung der kommunalen Finanzsituation - insbesondere seitens der Steuereinnahmen - sein. Dementsprechend bedeutsam ist die komplexe Aufgabe der kommunalen Wirtschaftsförderung.

---

16 Angaben des Instituts der Deutschen Wirtschaft (IW) Köln, nach: *Die Wirtschaft*, H. 5 (1994).

17 Vgl. *Hanns Karrenberg und Engelbert Münstermann*, Gemeindefinanzbericht 1994, in: Der Städtetag, H. 3 (1994); *Handelsblatt* vom 17.3.1994.

2. Die Rolle der Wirtschaftsförderung auf der kommunalen Ebene

Die kommunale Wirtschaftsförderung gehört zwar nicht zu den Pflichtaufgaben der Städte, Gemeinden und Kreise. Gleichwohl hat dieses Aufgabenfeld eine lange Tradition und die kommunale Zuständigkeit für die Entwicklung und Verwirklichung gewerbepolitischer Zielsetzungen ist unumstritten[1]. Hauptziel der kommunalen Wirtschaftsförderung ist die dauerhafte Erhaltung der bereits vorhandenen Arbeitsplätze und die Schaffung neuer Erwerbsmöglichkeiten. Um dies zu erreichen, muß ein umfangreiches Bündel von Maßnahmen geplant und durchgeführt werden. Dabei geht es - ganz grob skizziert - um die Verbesserung der Wirtschaftsstruktur und der Situation auf dem lokalen Arbeitsmarkt sowie um die Bereitstellung ausreichender unternehmens- und haushaltsbezogener Infrastruktureinrichtungen.

Bei den im folgenden angesprochenen Instrumenten kommunaler Gewerbepolitik sowie bei weiteren kommunalen Handlungsmöglichkeiten zur Förderung der Wirtschaft, wie etwa städtischen Finanzhilfen und einer moderaten Ausgestaltung der gemeindlichen Abgaben- und Gebührenpolitik, ist zu bedenken, daß die Entscheidungsbefugnis jeweils nicht bei den Wirtschaftsförderungsdienststellen liegt, sondern die "Stellschraubenfunktion" üben andere Verwaltungsbereiche aus (zum Beispiel das Liegenschaftsamt, Planungsamt, Bauordnungsamt, das Tiefbauamt sowie Kämmerei und Stadtwerke). Den kommunalen Wirtschaftsförderern fällt die Aufgabe zu, örtliche Firmen und ansiedlungsinteressierte Investoren kompetent zu beraten und daneben eine Moderatorenfunktion sowohl bei verwaltungsinternen Entscheidungsprozessen als auch bei Projekten, an denen die Kommune beteiligt ist, auszuüben.

Die besondere Situation in Ostdeutschland, hervorgerufen durch den ökonomischen Strukturbruch und seine Folgen, macht, daß die kommunale Wirtschaftsförderung vor unvergleichbar hohe Anforderungen gestellt ist. Ein erheblicher Erwar-

---

1 Artikel 28 Abs. 2 Grundgesetz gewährleistet den Kommunen das Recht, alle Angelegenheiten der örtlichen Gemeinschaft im Rahmen der Gesetze in eigener Verantwortung zu regeln.

tungsdruck lastet nämlich nicht nur auf den Verantwortlichen der staatlichen Ebenen, sondern gerade auch auf den Akteuren vor Ort, welche unmittelbar mit der
verdeckten Massenarbeitslosigkeit und den mit den ökonomischen Schwierigkeiten einhergehenden sozialen Problemen konfrontiert werden. Von den Kommu-
nalpolitikern und den für Gewerbepolitik zuständigen Wirtschaftsförderungsdienststellen der Stadt- und Landkreisverwaltungen wird erwartet, daß sie den
immensen Handlungsbedarf so schnell wie möglich abdecken. Unmittelbare
Adressaten von Maßnahmen der kommunalen Wirtschaftsförderung sind die Unternehmen[2]. Betrachtet man die Aktivitäten auf der kommunalen Ebene, muß
man sich allerdings stets folgendes vor Augen halten: "Die Fehler der 'großen Politik' können nicht oder nicht ausreichend durch eine mehr oder weniger gut
funktionierende kommunale Wirtschaftsförderung 'ausgebügelt' werden; sie kann
mit mehr oder weniger Engagement und Kreativität lediglich die ordnungspoliti-
schen Rahmenbedingungen auszufüllen versuchen."[3]

Zunächst richtete sich der Blick ostdeutscher Städte und Gemeinden - ähnlich wie
in westdeutschen Kommunen bis in die jüngste Vergangenheit - auf mögliche
Neuansiedlungen möglichst großer Firmen. Daß bislang umfangreiche Ansiedlungen von außerhalb, etwa gar europäischer und außereuropäischer Unternehmen,
nicht stattgefunden haben, ist nicht unbedingt verwunderlich: Angesichts eines in
den alten Bundesländern bereits seit den 70er Jahren stark schrumpfenden An-
siedlungspotentials stellen unternehmerische Ansiedler für die große Mehrzahl
der ostdeutschen Städte keinesfalls die wichtigste Zielgruppe ihrer gewerbepolitischen Maßnahmen dar. Die zwar verständliche Hoffnung zahlreicher Kommunalpolitiker, daß man die gravierenden Lücken im lokalen Arbeitsmarktangebot,
hauptsächlich hervorgerufen durch das Schließen oder die dramatische Schrump-
fung ehemaliger volkseigener Großbetriebe, relativ kurzfristig durch die Ansiedlung großer Investoren schließen könnte, erscheint unrealistisch.

Demzufolge sollte das eigentliche Schwergewicht der kommunalen Wirtschaftsförderung auf einer langfristigen Betreuung der ortsansässigen Betriebe liegen.
Darunter darf indessen nicht eine Bestandspflege im statischen Sinn verstanden
werden, "da die Marktwirtschaft als Ergebnis die Summe aus wachsenden, sta-
gnierenden und schrumpfenden Betrieben und Sektoren ist und ein Einfrieren bestehender Strukturen im Rahmen wachsenden Konkurrenzdrucks auf nationalen
und internationalen Märkten nicht möglich ist"[4]. Die Lage vieler kleiner und auch
mittlerer Betriebe in Ostdeutschland ist gekennzeichnet durch eine ungenügende
Kapitalausstattung, Probleme bei der Entwicklung "marktgängiger" Produkte und

---

2 Vgl. hierzu und zum Folgenden *Ralf von Ameln*, Planung, Organisation und Instrumente kommunaler Wirtschaftsförderung, in: Dierk Ehlers (Hrsg.), Kommunale Wirtschaftsförderung, Köln u.a. 1990, S. 19 ff. (Schriftenreihe des Landkreistages Nordrhein-
   Westfalen, Bd. 5).
3 *Herbert John*, Kommunale Wirtschaftsförderung in Ostdeutschland: Keine Alternative
   zum "Supermarkt auf der grünen "Wiese"?, in: Der Landkreis, H. 2 (1994), S. 62.
4 *von Ameln*, S. 24.

dem Ausbau dringend notwendiger Vertriebswege. Hinzu kommen - wie bei vielen westdeutschen Firmen - häufig Schwierigkeiten aufgrund fehlender Entwicklungsmöglichkeiten am jetzigen Betriebsstandort sowie Probleme als Folge einer engen Nachbarschaft zu Wohnstandorten. Ein typisches Problem ostdeutscher kommunaler Wirtschaftsförderer dürfte sein, über den vergleichsweise jungen und in sich "bewegten" Unternehmensbestand relativ wenig zu wissen. Neben den bereits ortsansässigen Unternehmen sind die Existenzgründer eine weitere wichtige Zielgruppe der kommunalen Wirtschaftsförderung, mit erheblichem Betreuungsbedarf. Diese Firmen kämpfen in der Startphase ebenfalls mit Finanzierungs-, Marktzugangs- und Standortschwierigkeiten.

Sowohl für Neuansiedlungsstrategien als auch für Strategien im Bereich der Bestandspflege ist die Bereitstellung kurzfristig nutzbarer Gewerbeflächen unabdingbar: "Ausreichende, gut erschlossene Industrie- und Gewerbegrundstücke verschiedener Größe und Qualität zu angemessenen Preisen für die Ansiedlung neuer Betriebe, aber auch für die Erweiterung und/oder Verlagerung bestehender Betriebe sind seit jeher und auch heute noch Grundvoraussetzung und Hauptinstrument kommunaler Wirtschaftsförderung."[5] Zwar weiß man, daß betriebsinterne Entscheidungsprozesse für einen neuen Standort häufig auch mit einem - nach außen nicht erkennbaren - hohen Zeitaufwand verbunden sind. Hat sich ein Unternehmen indes für einen Standort entschieden, erwartet es in der Regel rasche Angebote auf seine Nachfrage. In Anbetracht des wiederum zumeist beträchtlichen Zeitaufwandes der Kommunen für bauleitplanerische Maßnahmen, liegenschaftspolitische Aktivitäten sowie für die äußere und innere Erschließung von Gewerbegebieten gibt es demzufolge eigentlich keine Alternative zu einer angebotsorientierten kommunalen Gewerbeflächenpolitik. Allerdings besteht vornehmlich in kleineren ostdeutschen Städten und in Dörfern durchaus die Gefahr eines unvertretbar hohen Flächenverbrauchs für geplante gewerbliche Nutzungen. Deshalb sollte die interkommunale Zusammenarbeit, gerade auch zwischen kleineren Kommunen und größeren Städten, mit dem Ziele, gemeinsam Gewerbegebiete zu entwickeln und zu besiedeln, forciert werden. Weitreichende Möglichkeiten, dem gerade in Ostdeutschland sprunghaft gestiegenen Gewerbeflächenverbrauch zu begegnen, eröffnet die Reaktivierung von Industriebrachen. Zwar steht einer kurzfristigen Revitalisierung der umfangreichen Brachflächen eine ganze Reihe bekannter Probleme im Wege, die aber mittel- und langfristig ein erfolgreiches Flächenrecycling keinesfalls verhindern müssen.

Obwohl ohne geeignete Gewerbeflächen andere wirtschaftsfördernde Instrumente wirkungslos bleiben, gilt auch umgekehrt, daß das Gewerbeflächenangebot allein kein Garant für eine erfolgreiche kommunale Gewerbepolitik ist. Eine wichtige Voraussetzung für eine günstige Entwicklung der ortsansässigen Firmen und für mögliche Betriebsansiedlungen stellt die ausreichende Ausstattung einer Kom-

---

5 Ebenda, S. 31.

mune mit infrastrukturellen Einrichtungen dar. Neben geradezu "klassischen" Bereichen wie Verkehrsanbindung, Ver- und Entsorgungsanlagen sowie Aus- und Fortbildungsstätten gewinnt ein weiterer Bereich, nämlich die "modernen" Infrastrukturen, mehr und mehr an Bedeutung[6]. Es handelt sich um Anlagen, die den Betrieben die Nutzung von Informations- und Kommunikationstechniken ermöglichen, wobei die kommunale Wirtschaftsförderung dafür den kleinen und mittleren Betrieben Hilfestellungen geben muß. Neben diesen "harten" Standortfaktoren in Form von unternehmensbezogenen Infrastruktureinrichtungen gewinnen bei der Auswahl zwischen möglichen Betriebsstandorten "weiche" Standortfaktoren, wie etwa attraktive Einkaufs-, Freizeit- und Kulturangebote sowie gehobene Wohnstandards und ein anspruchsvolles Wohnumfeld, zunehmend an Bedeutung[7]. Allerdings werden solche "weichen Qualitäten" erst dann ausschlaggebend sein, wenn sich ein Betrieb zwischen mehreren Standorten entscheiden muß, die er im Bereich der "harten" Standortfaktoren als gleichwertig bewertet.

Angesichts der nach wie vor ernsten Situation auf dem ostdeutschen Arbeitsmarkt wirkt es entlastend, wenn von kommunaler Seite unkonventionell an die Arbeitsplatzförderung herangegangen wird. Etwa, wenn der Versuch unternommen wird, eine Verknüpfung zwischen lokaler Arbeitsmarktpolitik und kommunaler Wirtschaftsförderung vorzunehmen[8]. Dabei können gemeinsame Maßnahmen der Kommunalverwaltung, der Landesebene und der Wirtschaft, die dazu dienen, Firmen zeitlich befristete Personalkostenzuschüsse zur Eingliederung von arbeitslosen Arbeitnehmern zu gewähren, Erfolg bringen. Denkbar sind degressiv gestaffelte, monatliche Eingliederungsförderungen nach branchenabhängigen Empfängergruppen: Von Arbeitsverhältnissen in der Vertriebstätigkeit mit überregionalem Absatz bis hin zu ungelernten Tätigkeiten im Baugewerbe.

Insgesamt muß die kommunale Wirtschaftsförderung ihrer unternehmerischen Klientel deutlich machen, daß in der Kommunalverwaltung kompetente Ansprechpartner sitzen, denen die betrieblichen Sorgen vertraut sind und die auch in der Lage sind - in der Rolle eines Anwalts und Lotsen der Wirtschaft -, sachverständig zu beraten sowie Kontakte innerhalb des Rathauses oder der Landkreisverwaltung wie auch zu anderen wichtigen lokalen Akteuren (beispielsweise Banken, Kammern, die Arbeitsverwaltung, die Treuhandanstalt) herzustellen.

---

6   Bei einer Befragung von Unternehmen in den neuen Bundesländern zur Telekommunikation wurde dem Zugang zu modernen Telekommunikationseinrichtungen eine zentrale Rolle als Standortfaktor eingeräumt (Difu/IZT-Umfrage "Telekommunikation in Ostdeutschland").

7   *Busso Grabow, Dietrich Henckel und Beate Hollbach-Grömig*, Weiche Standortfaktoren, Stuttgart 1995 (Schriften des Deutschen Instsituts für Urbanistik, Bd. 89).

8   Über Erfolge mit einem entsprechenden Modellprojekt wird aus dem Landkreis Teterow in Mecklenburg-Vorpommern berichtet, vgl. *Christian Zöllner*, Kreis als Motor kommunaler Wirtschaftsförderung, in: Der Landkreis, H. 2 (1994), S. 61.

3. Schriftliche Umfrage

3.1 Ablauf der Umfrage

Mit der schriftlichen Umfrage wollten wir Informationen über gewerbepolitische Aktivitäten und den Einsatz von Instrumenten der Wirtschaftsförderung in ostdeutschen Städten und Landkreisen sowie Hemmnisse und auftretende Schwierigkeiten bei der Aufgabenerledigung gewinnen. Die Umfrage wurde im Sommer 1993 durchgeführt.

Für die Befragung wurde ein Fragebogen entwickelt, der aus vier Teilen bestand:

- Im ersten Teil wurde nach der Organisation der kommunalen Wirtschaftsförderung, ihrer Institutionalisierung sowie der Personalausstattung der zuständigen Dienststellen gefragt, des weiteren nach Konzepten für die Wirtschafts- und Stadtentwicklung.

- Die Fragen zur Gewerbeflächenbereitstellung reichten von den Neuflächen über brachgefallene Gewerbe- und Industrieflächen, der Förderung wirtschaftsnaher Infrastruktur, Preisen für erschlossene Gewerbeflächen, errichteten bzw. geplanten Gewerbezentren, Problemen bei der Neuordnung der Eigentumsverhältnisse bis hin zur Anwendung des Investitionsvorranggesetzes.

- Im dritten Teil des Fragebogens wurde nach weiteren gewerbepolitisch wichtigen Aktivitäten gefragt, sowie nach der sektoralen und räumlichen Herkunft von angesiedelten Unternehmen. Zu den relevanten Aktivitäten werden Standortwerbung, die Betreuung örtlicher Firmen, Behördenkontakte, die Steuerung der Ansiedlung großflächiger Einzelhandelsbetriebe sowie der Einsatz finanz- und tarifpolitischer Instrumente gerechnet.

- Der letzte Teil schließlich enthält Fragen über zu bemängelnde Standortfaktoren und zu Ansatzpunkten zur Verbesserung der kommunalen Wirtschaftsförderung.

Um die zügige Beantwortung des Fragebogens zu gewährleisten und um Verständnisprobleme bei den Adressaten weitgehend ausschließen zu können, wurde der Fragebogen in mehreren Stadt- und Landkreisverwaltungen getestet. Bei der eigentlichen Befragung wurde der Fragebogen der jeweiligen Verwaltungsspitze zugeleitet mit der Bitte, ihn an die fachlich zuständigen Dienststellen weiterzugeben. Im Vorfeld wurde die Fragebogenaktion mit den kommunalen Spitzenverbänden abgestimmt. Angeschrieben wurden sämtliche ostdeutschen Städte mit 10 000 und mehr Einwohnern (insgesamt 219) sowie alle 189 Landkreise.

3.2 Rücklauf der Umfrage

Zum Umfragerücklauf fallen die hohen Rücklaufquoten auf: Von den angeschriebenen Städten antworteten 162, dies entspricht einem Rücklauf von fast 74 Prozent; daneben beteiligten sich 157 Landkreise, entsprechend gut 83 Prozent aller angeschriebenen Kreise (vgl. hierzu und zum Folgenden Tab. 1).

Tabelle 1: Teilnahme an der schriftlichen Umfrage, nach Gemeinde- und Kreisgrößenklassen*

Größenklasse	Zahl der angeschriebenen Städte und Kreise	Zahl der Antworten	
		abs.	%
Städte			
10 000-20 000	104	67	64,4
20 000-50 000	82	67	81,7
50 000-100 000	19	15	78,9
über 100 000	14	13	92,9
Insgesamt	219	162	73,9
Kreise			
bis 50 000	85	73	85,9
50 000-100 000	87	69	79,3
über 100 000	17	15	88,2
Insgesamt	189	157	83,1
			difu

*Quelle: Difu-Umfrage "Kommunale Wirtschaftsförderung 1993".

Bei den Städten schwankt die Rücklaufquote etwas stärker als bei den Kreisen, nämlich zwischen rund 64 Prozent (kleine Mittelstädte mit 10 000 bis 20 000 Einwohnern) und knapp 93 Prozent (Großstädte). Bei den Kreisen liegt das Rücklaufminimum bei immerhin fast 80 Prozent, in den Kreisen mit 50 000 bis 100 000 Einwohnern. Ein recht wirklichkeitsnahes Bild der räumlichen Verteilung der an der Umfrage beteiligten Städte ergibt sich, wenn man sich den Rücklauf differenziert nach den siedlungsstrukturellen Gebietstypen der Bundesforschungsanstalt für Landeskunde und Raumordnung (BfLR) anschaut (Tab. 2).

Tabelle 2: Teilnahme von Städten und Kreisen an der schriftlichen Umfrage, nach siedlungsstrukturellen Gebietstypen[1] *

Gebietstyp	Antwortende Städte abs.	In % aller Städte des siedlungsstrukturellen Gebietstyps ab 10 000 EW	Antwortende Kreise abs.	In % aller Kreise des siedlungsstrukturellen Gebietstyps
Regionen mit großen Verdichtungsräumen	63	76	47	78
Große Kernstädte	6	67	-	-
Hochverdichtete Kreise	19	86	7	70
Verdichtete Kreise	21	84	17	85
Ländliche Kreise	17	63	23	82
Regionen mit Verdichtungsansätzen	59	74	62	93
Kernstädte	7	100	-	-
Verdichtete Kreise	29	78	27	90
Ländliche Kreise	23	64	35	97
Ländlich geprägte Regionen	40	73	48	77
Verdichtete Kreise	14	93	11	92
Ländliche Kreise	26	65	37	74
Insgesamt	162	74	157	83
				difu

*Quelle: Difu-Umfrage "Kommunale Wirtschaftsförderung 1993".

1 Vgl. Ausgewählte Ergebnisse der regionalen Bevölkerungsprognose 2000 der BfLR, in: Informationen zur Raumentwicklung, H. 11/12 (1992), S. 877 f.

Den Rücklauf nach Bundesländern betrachtet, ergibt sich eine insgesamt hohe, im einzelnen ziemlich gleichmäßige Rücklaufquote (Tab. 3). Sie bewegt sich bei den Städten - abgesehen von Thüringen mit "nur" knapp 67 Prozent - zwischen fast 72 Prozent (Sachsen-Anhalt) und gut 77 Prozent in Brandenburg. Summiert man die antwortenden Städte und Kreise, errechnet sich eine Gesamtrücklaufquote von gut 78 Prozent, schwankend zwischen mehr als 73 Prozent in Mecklenburg-Vorpommern und fast 82 Prozent in Thüringen.

Tabelle 3: Teilnahme an der schriftlichen Umfrage, nach Bundesländern*

Bundesland	Städte		Landkreise		Insgesamt	
	abs.	%	abs.	%	abs.	%
Brandenburg	37	77,1	30	79,0	67	78,0
Mecklenburg-Vorpommern	22	75,9	22	71,0	44	73,3
Sachsen	51	76,1	38	79,2	89	75,4
Sachsen-Anhalt	28	71,8	33	89,2	61	80,3
Thüringen	24	66,7	34	97,1	58	81,7
Insgesamt	162	74,0	157	83,1	319	78,2
						difu

*Quelle: Difu-Umfrage "Kommunale Wirtschaftsförderung 1993".

3.3 Hinweise zur Interpretation der Ergebnisse

Eine erste Durchsicht der Fragebogen ergab, daß einzelne Fragen von einem Teil der Städte und Landkreise nicht beantwortet wurden. Demzufolge schwanken bei den einzelnen Fragen die Grundgesamtheiten mitunter erheblich. Dem wurde Rechnung getragen, als in den Tabellen stets die jeweiligen Grundgesamtheiten ausgewiesen sind, auf welche sich die Auswertung der Antworten bezieht. Ein Teil der Antworten erwies sich bei Plausibilitätskontrollen als unbrauchbar und wurde deshalb ausgesondert. Dies gilt vor allem für Angaben zur Bereitstellung neuer Gewerbeflächen, die Kreisverwaltungen für die kreisangehörigen Gemeinden gemacht haben.

Neben der Darstellung der Gesamtergebnisse werden in der Auswertung räumliche Differenzierungen nach Gemeinde- und Kreisgrößenklassen, nach den siedlungsstrukturellen Gebietstypen der BfLR (Karten 1 und 2) sowie nach Bundesländern vorgenommen:

Karte 1:   Siedlungsstrukturelle Regionstypen*

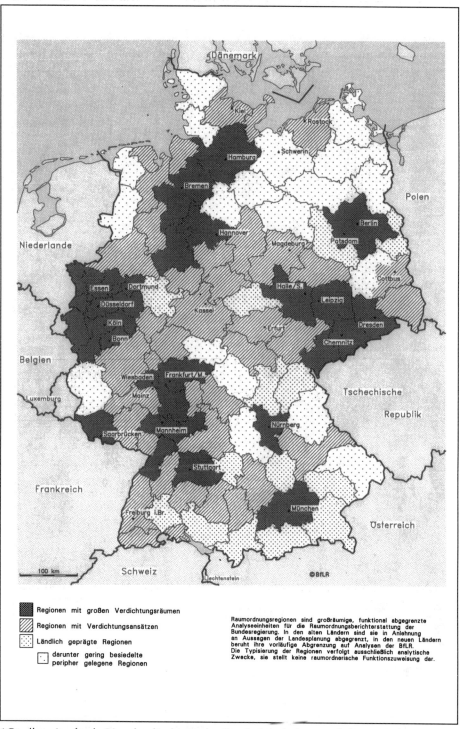

Regionen mit großen Verdichtungsräumen

Regionen mit Verdichtungsansätzen

Ländlich geprägte Regionen

darunter gering besiedelte
peripher gelegene Regionen

Raumordnungsregionen sind großräumige, funktional abgegrenzte
Analyseeinheiten für die Raumordnungsberichterstattung der
Bundesregierung. In den alten Ländern sind sie in Anlehnung
an Aussagen der Landesplanung abgegrenzt, in den neuen Ländern
beruht ihre vorläufige Abgrenzung auf Analysen der BfLR.
Die Typisierung der Regionen verfolgt ausschließlich analytische
Zwecke, sie stellt keine raumordnerische Funktionszuweisung dar.

*Quelle: Laufende Raumbeobachtung der Bundesforschungsanstalt für Landeskunde und
Raumordnung - Raumordnungsregionen.

33

Karte 2: Siedlungsstrukturelle Kreistypen*

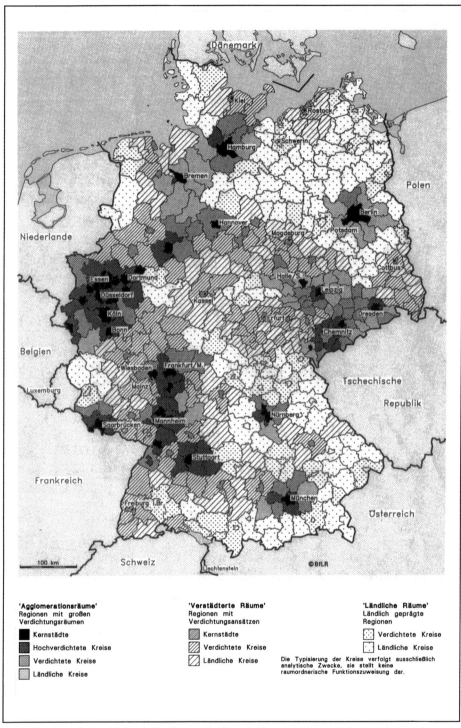

'Agglomerationsräume'
Regionen mit großen
Verdichtungsräumen

■ Kernstädte

▨ Hochverdichtete Kreise

▦ Verdichtete Kreise

▨ Ländliche Kreise

'Verstädterte Räume'
Regionen mit
Verdichtungsansätzen

▨ Kernstädte

▨ Verdichtete Kreise

▨ Ländliche Kreise

'Ländliche Räume'
Ländlich geprägte
Regionen

▨ Verdichtete Kreise

▨ Ländliche Kreise

Die Typisierung der Kreise verfolgt ausschließlich
analytische Zwecke, sie stellt keine
raumordnerische Funktionszuweisung dar.

*Quelle: Laufende Raumbeobachtung der Bundesforschungsanstalt für Landeskunde und
Raumordnung - Kreise.

34

- Die Bildung von Größenklassen bei den Städten und Kreisen erfolgte nach dem Einwohnerstand vom 31.12.1989 und dem Gebietsstand vor den Gebietsreformen in den ostdeutschen Bundesländern. Der Aufteilung nach Einwohnerklassen liegt die Annahme zugrunde, daß mit unterschiedlichen Stadtgrößen Unterschiede bei der Erledigung gewerbepolitischer Aufgaben zu beobachten sind.

- Eine Differenzierung nach siedlungsstrukturellen Gebietstypen trägt der Tatsache Rechnung, daß die Kommunen im Raum nicht gleichmäßig verteilt sind. Vielmehr treten in Teilen starke räumliche Ungleichgewichte auf: Interregional mit dem Nebeneinander von verdichteten Räumen und ländlichen Räumen, ebenso wie intraregional, charakterisiert durch die enge Nachbarschaft von Kernstädten und kleineren Umlandgemeinden.

- Wichtige gewerbepolitische Maßnahmen der Kommunen stehen in engem Zusammenhang mit der staatlichen regionalen Strukturpolitik; zu denken ist beispielsweise an die Förderung durch Bund und Länder bei der Erschließung neuer Gewerbeflächen. Dabei setzen die einzelnen Bundesländer durchaus voneinander abweichende Akzente bei ihren regionalpolitischen Aktivitäten. Unterschiede auf der Ebene der Länder sollen deutlich gemacht und Auswirkungen auf die Kommunen aufgezeigt werden.

4. Organisation der kommunalen Wirtschaftsförderung

Die Organisation der kommunalen Wirtschaftsförderung liegt im Ermessen der Gemeinden. Damit bleibt ihnen auch die Form der Institutionalisierung dieses Aufgabenbereiches überlassen, d.h. die Entscheidung, ob die Wirtschaftsförderung in einem eigenen Amt oder als Teil eines Amtes angesiedelt ist. Bei der Organisation und Gliederung der Verwaltung orientieren sich die Kommunen in vielen Fällen an dem Organisationsschema der Kommunalen Gemeinschaftsstelle für Verwaltungsvereinfachung (KGSt).

4.1 Institutionalisierung

Die Aufgaben der Wirtschaftsförderung werden in den Städten und Kreisen nicht nur von den dafür zuständigen Ämtern wahrgenommen, sondern auch von Ämtern für Regionalplanung, Strukturförderung, Stadtentwicklungsplanung, Statistik, Werbung, Umweltschutz, von Liegenschafts- und Fremdenverkehrsämtern oder Kämmereien und von Wirtschaftsförderungs-, Entwicklungs- und Strukturförderungsgesellschaften usw[1].

Bei deutlich mehr als der Hälfte der von uns befragten Städte ist die kommunale Wirtschaftsförderung in einem eigenständigen Amt angesiedelt (Abb. 1). Das beweist, wie sehr die Aufgaben der kommunalen Wirtschaftsförderung als bedeutend für die Entwicklung der Gemeinden und Landkreise angesehen werden, die nicht von anderen Ämtern "miterledigt" werden können.

---

1 Vgl. *Gesellschaft für Wirtschaftsförderung Nordrhein-Westfalen mbH (Hrsg.)*, Heft 6: Wirtschaftsförderung. Berichte, Analysen, Meinungen, Düsseldorf o.J.; *Jochen Stauder,* Grundlagen der kommunalen Wirtschaftsförderung, Marburg 1991; *Bernd Schiefer,* Kommunale Wirtschaftsförderungsgesellschaften. Entwicklung, Praxis und rechtliche Problematik, Köln u.a. 1989 (Studien zum öffentlichen Wirtschaftsrecht, Bd. 10).

Abbildung 1: Zuständige Wirtschaftsförderungseinrichtungen in den Städten und Kreisen nach Gemeinde- bzw. Kreisgrößenklassen, Häufigkeit der Antworten in %*

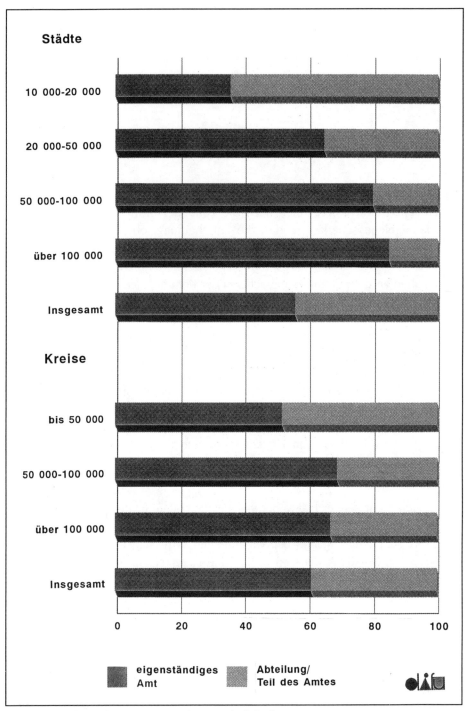

*Quelle: Difu-Umfrage "Kommunale Wirtschaftsförderung 1993".

Mit zunehmender Stadtgröße wächst der Aufgabenumfang der Wirtschaftsförderung, so daß insbesondere die größeren Städte (mit 50 000 und mehr Einwohnern) ein eigenständiges Wirtschaftsförderungsamt haben. In den Kreisen wird die Wirtschaftsförderung in rund 60 Prozent der Fälle durch ein eigenständiges Amt wahrgenommen. Auch hier liegt der Anteil der Kreise, die ein eigenständiges Amt für die Wirtschaftsförderung haben, bei den Kreisen mit 50 000 und mehr Einwohnern deutlich höher (69 Prozent bzw. 67 Prozent) als in den Kreisen mit geringeren Einwohnerzahlen (52 Prozent).

Der Anteil der Städte und Kreise mit eigenständigen Wirtschaftsförderungsdienststellen variiert zwischen den Bundesländern (Abb. 2). In Brandenburg (69 Prozent) und Sachsen-Anhalt (64 Prozent) liegt der Anteil der Städte, die eigenständige Wirtschaftsförderungsdienststellen haben, deutlich über dem Durchschnitt der übrigen Städte der neuen Bundesländer (56 Prozent).

Der Anteil der Kreise mit eigenständigen Wirtschaftsförderungsdienststellen liegt in Sachsen (71 Prozent) erheblich über dem Durchschnitt der Kreise (61 Prozent), in Thüringen (39 Prozent) deutlich darunter.

Die Durchsetzungsmöglichkeiten der kommunalen Wirtschaftsförderung hängen ganz wesentlich von ihrer Einbindung in das Kompetenzgefüge der Kommune ab. Die direkte Unterstellung unter das Oberbürgermeisteramt signalisiert den dortigen hohen Stellenwert der Wirtschaftsförderung ("Wirtschaftsförderung ist Chefsache"). Neben dieser "Signalwirkung" ermöglicht die direkte Unterstellung auch das gezielte Eingreifen der kommunalen Führung bei verwaltungsinternen Ziel- und Kompetenzkonflikten. Eine solche Zuordnung kann allerdings nur wirksam werden, "wenn der Verwaltungschef sich die Zeit nimmt, sich um Fragen der Wirtschaftsförderung eingehend zu kümmern"[2].

Rund 40 Prozent der Wirtschaftsförderungsdienststellen in den ostdeutschen Städten sind dem Oberbürgermeister oder Bürgermeister direkt unterstellt (Abb. 3). In den großen Städten ist das Wirtschaftsförderungsamt häufig einem Dezernat zugeordnet. Bei den Städten mit weniger als 20 000 Einwohnern ist der Anteil direkt unterstellter Ämter erwartungsgemäß höher als im Durchschnitt - die geringe Größe der Verwaltung macht eine Dezernatslösung verzichtbar: Dort ist mehr als jede zweite Wirtschaftsförderungsdienststelle direkt dem Bürgermeister unterstellt. Die Wirtschaftsförderungsdienststellen der Kreise sind dagegen deutlich seltener dem Landrat direkt unterstellt (in 26 Prozent der Fälle). Den Städten vergleichbare Quoten direkt unterstellter Dienststellen werden nur in den Kreisen mittlerer Größe (50 000 bis 100 000 Einwohner) erreicht.

---

2 Vgl. *Kommunale Gemeinschaftsstelle für Verwaltungsvereinfachung (KGSt)*, Organisation der Wirtschaftsförderung, Köln 1990, S. 36.

Abbildung 2: Zuständige Wirtschaftsförderungseinrichtungen in den Städten und Kreisen nach Bundesländern, Häufigkeit der Antworten in %*

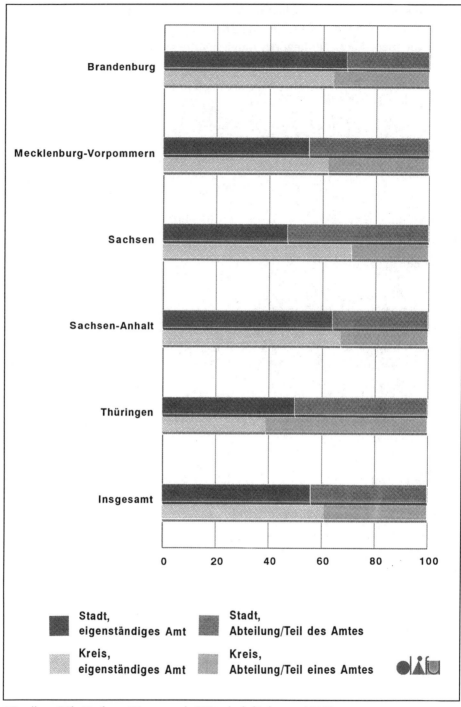

*Quelle: Difu-Umfrage "Kommunale Wirtschaftsförderung 1993".

Abbildung 3: Anteil der dem (Ober-)Bürgermeister/Landrat direkt unterstellten Wirtschaftsförderungseinrichtungen in den Städten und Kreisen, nach Gemeinde- bzw. Kreisgrößenklassen, in %*

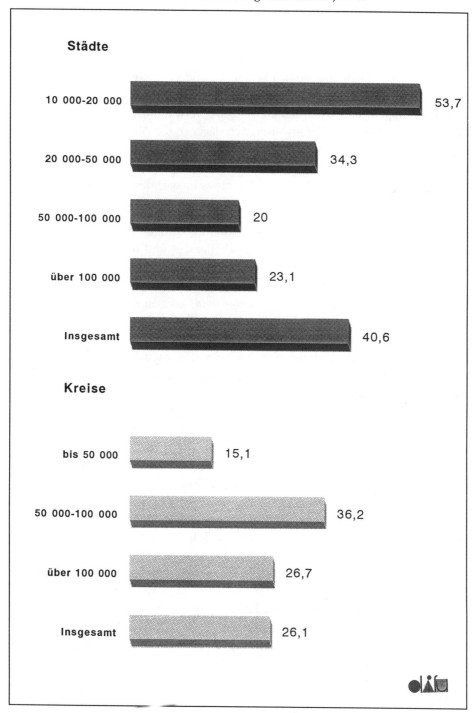

*Quelle: Difu-Umfrage "Kommunale Wirtschaftsförderung 1993".

Den kommunalen Gebietskörperschaften ist auch die Wahl der Rechtsform der Wirtschaftsförderungseinrichtung überlassen: Die Aufgaben der kommunalen Wirtschaftsförderung können durch ein Wirtschaftsförderungsamt, eine Gesellschaft privaten Rechts (z.B. eine GmbH) oder in Aufgabenteilung von beiden Einrichtungen wahrgenommen werden.

Jede der Rechtsformen hat ihre Vor- und Nachteile: Wirtschaftsförderungsämter haben stärkere Einwirkungsmöglichkeiten auf andere Ämter der Verwaltung als eine "externe" Gesellschaft, ihre Ziele sind u. U. enger an die Vorgaben der Gemeinde gekoppelt, und ihnen stehen frühzeitig verwaltungsinterne Informationen zur Verfügung. Als nachteilig erweisen sich dagegen die Abhängigkeit von häufig langwierigen Entscheidungs- und Abstimmungsprozessen im Rat und in Ausschüssen und die Restriktionen des öffentlichen Haushaltsrechts und der Personalwirtschaft. Nicht außer acht zu lassen ist auch das Image, das eine Amtslösung bewirkt ("Behördenimage").

Wirtschaftsförderungsgesellschaften ähneln in ihrer Struktur ihren privatwirtschaftlichen Verhandlungspartnern und gelten als flexibel und reaktionsschnell[3]. Die geringere Bindung an das öffentliche Haushaltsrecht macht sie besonders geeignet für das Management von Einzelprojekten. Weil sie nicht an die Besoldungsregelungen öffentlicher Verwaltungen gebunden sind, können sie leichter qualifiziertes Personal rekrutieren, das "die Sprache der Wirtschaft versteht"[4]. Gesellschaften privaten Rechts erleichtern u. U. auch die Möglichkeiten, andere Gemeinden, Einrichtungen, private Unternehmen usw. bei den Aufgaben der kommunalen Wirtschaftsförderung einzubeziehen. Das Beratungs- und Betreuungsangebot privatrechtlicher Wirtschaftsförderungsgesellschaften kann in vielen Fällen auch über das von Ämtern hinausgehen. Beispielsweise gehört die Übernahme von Bürgschaften, die kurzfristige Beteiligung an Unternehmen und die Vergabe von Darlehen zu den möglichen Betreuungsangeboten, die zwar bei einer Ämterlösung prinzipiell auch möglich, in einer privatrechtlichen Lösung aber leichter handhabbar sind[5]. Ein Nachteil der privatrechtlichen Konstruktion könnte darin liegen, unter Umständen von wichtigen verwaltungsinternen Informationen ausgeschlossen zu sein. Formell wird dem durch die (Mehrheits-)Beteiligung der Kommunen an den Wirtschaftsförderungsgesellschaften und die Teilnahme von Vertretern der Wirtschaftsförderungsgesellschaft an Verwaltungsrunden (beispielsweise den Dezernatsbesprechungen) entgegengewirkt. Besonders könnten aber Informationen im Bereich des informellen Austauschs betroffen sein, der beispielsweise durch die räumliche Nähe zwischen Wirtschaftsförderungseinrichtung und Kommunalverwaltung beeinflußt wird. Auch sind die direkten Einwirkungsmöglichkeiten einer privatrechtlich organisierten Wirtschaftsförderungseinrichtung auf andere Äm-

---

3 Vgl. *Stauder.*
4 *Hans Heuer,* Instrumente kommunaler Gewerbepolitik, Stuttgart u.a. 1985, S. 140 (Schriften des Deutschen Instituts für Urbanistik, Bd. 73).
5 Vgl. *Schiefer.*

ter stark eingeschränkt. Ferner können, diktiert durch die Eigeninteressen der Wirtschaftsförderungsgesellschaft, stadtentwicklungspolitische Belange in den Hintergrund treten.

Eine Aufgabenverteilung auf ein Wirtschaftsförderungsamt und eine Einrichtung privaten Rechts böte die Möglichkeit, Vorteile der einen Organisationsform mit denen der anderen zu verbinden, so könnte beispielsweise die Flexibilität der privatwirtschaftlichen Einrichtung mit den Einflußmöglichkeiten der Verwaltungslösung verbunden werden. Demgegenüber stehen jedoch die Schwierigkeiten der organisatorischen und finanziellen Verknüpfung der Einrichtungen und, da die Kompetenzen aufgeteilt werden, möglicher Verlust an Durchschlagskraft. Die KGSt empfiehlt die Wahrnehmung der Wirtschaftsförderungsaufgaben in einem Wirtschaftsförderungsamt, verweist aber darauf, daß "die Akquisition neuer Betriebe [...] häufig ein auf die spezielle Situation abgestelltes flexibles Vorgehen [erfordert], das im Rahmen privatrechtlicher Organisationsformen eher möglich ist. [...] Die Gründung einer GmbH kommt insbesondere für die Akquisition neuer Unternehmen sowie die Planung und Durchführung großer Projekte (z.B. Technologiezentrum [...]) in Betracht"[6].

Bereits 1988 gab es in den alten Ländern mehr als 55 kommunale Wirtschaftsförderungsgesellschaften in der Rechtsform der GmbH, die weitaus meisten davon in Nordrhein-Westfalen (28 Wirtschaftsförderungsgesellschaften und 11 Entwicklungs- oder Strukturförderungsgesellschaften usw.[7]) und Rheinland-Pfalz (7 Wirtschaftsförderungsgesellschaften[8]). In Ostdeutschland sind zur Zeit 44 Wirtschaftsförderungseinrichtungen als GmbH oder GbR organisiert. In Brandenburg bestehen 17 derartige Wirtschaftsförderungs-, Förder- und Entwicklungsgesellschaften, in Sachsen-Anhalt zehn, in Mecklenburg-Vorpommern neun, fünf in Sachsen und drei in Thüringen[9].

4.2 Personalausstattung

Der Stellenbedarf der Wirtschaftsförderungsdienststellen ist unter anderem abhängig von der Einwohnerzahl der Kommune, der Zahl dortiger Betriebe, dem Entwicklungsstand der örtlichen Wirtschaft, der Arbeitsmarktsituation und dem Stand von Standortplanung und Flächenvorsorge. Die Personalausstattung von Dienststellen der Wirtschaftsförderung ist sehr unterschiedlich. In den alten Bundesländern sind in etwa 75 Prozent der Städte höchstens fünf Mitarbeiter mit Aufgaben

---

6   *Kommunale Gemeinschaftsstelle für Verwaltungsvereinfachung (KGSt) (Hrsg.)*, S. 36/37.
7   Nach Angaben der Gesellschaft für Wirtschaftsförderung Nordrhein-Westfalen mbH, Düsseldorf.
8   *Schiefer.*
9   Vgl. *Bundesministerium für Wirtschaft*, Wirtschaftliche Förderung in den neuen Bundesländern, Bonn 1994. Die Daten der Difu-Umfrage "Kommunale Wirtschaftsförderung 1993" lassen leider keine diesbezügliche Auswertung zu.

der Wirtschafts- und Innovationsförderung befaßt, desgleichen in 90 Prozent der Kreise[10]. 1988 waren in den Stadtverwaltungen der hochverdichteten Regionen in den alten Bundesländern durchschnittlich 5,5 Mitarbeiter mit Aufgaben der Wirtschafts- und Innovationsförderung befaßt, in den Kreisverwaltungen der ländlichen Räume waren es etwa 3,5 Mitarbeiter[11].

Die Wirtschaftsförderungsdienststellen in den neuen Bundesländern sind mit einem breiten Aufgabenspektrum konfrontiert:

- Im Bereich der Standortplanung und Flächenvorsorge mußten die wesentlichen Planungsgrundlagen neu erarbeitet werden;
- die hohe Arbeitslosigkeit erfordert die Erarbeitung von arbeitsmarktpolitisch orientierten Wirtschaftsförderungskonzepten;
- der ökonomische Strukturbruch macht besonders große Anstrengungen im Bereich der Akquisition nötig,
- gleichzeitig müssen die Standorte gegen zum Teil erhebliche Imageprobleme ankämpfen, was besondere Marketingbemühungen erfordert.
- Die Bestandspflege wird mit zahlreichen ostdeutschen Sonderproblemen (Rückübertragung von Betrieben, Investitionsvorrangregelung, Verhandlungen mit der Treuhandanstalt usw.) konfrontiert;
- der rasante Strukturwandel im Einzelhandel veranlaßte zu steuerndem Eingreifen usw.

Dementsprechend ist eine große Personalkapazität durch die Wahrnehmung dieser Aufgaben gebunden.

Die Ergebnisse der Difu-Befragung in Ostdeutschland ergeben für die Personalausstattung ein ähnlich differenziertes Bild wie in den alten Bundesländern, bei einer im Durchschnitt guten, zum Teil sogar deutlich besseren Personalausstattung als dort (Tab. 4). Mit zunehmender Einwohnerzahl erhöht sich erwartungsgemäß die durchschnittliche Personalausstattung. Während in den Städten mit weniger als 50 000 Einwohnern durchschnittlich 1,5 bzw. 3,2 Mitarbeiter mit Aufgaben der Wirtschaftsförderung befaßt sind, sind es in den größeren Städten 6,6 Mitarbeiter und in Städten mit mehr als 100 000 Einwohnern sogar durchschnittlich 14,5.

Die Personalausstattung der Wirtschaftsförderungsdienststellen in den Kreisen liegt im Durchschnitt unter der städtischer Dienststellen. In den kleineren Kreisen (unter 50 000 Einwohner) sind durchschnittlich 2,9 Mitarbeiter mit der Wirtschaftsförderung befaßt, in den größeren Kreisen 3,6 (bis 100 000 Einwohner) bzw. 5,1 (100 000 und mehr Einwohner).

---

10 *Busso Grabow, Hans Heuer und Gerd Kühn*, Lokale Innovations- und Technologiepolitik. Ergebnisse einer bundesweiten Erhebung, Berlin 1990 (Deutsches Institut für Urbanistik).
11 Ebenda.

Tabelle 4: Personalausstattung der Wirtschaftsförderungseinrichtungen in den Städten und Kreisen, nach Gemeinde- bzw. Kreisgrößenklassen*

Größenklasse	Mitarbeiter in der Wirtschaftsförderung Vollzeitäquivalente			
	Arithmetisches Mittel	Spannweite	Minimum	Maximum
Städte (n = 155)				
10 000-20 000	1,5	< 7	< 1	7
20 000-50 000	3,2	9	1	10
50 000-100 000	6,6	11	2	13
über 100 000	14,5	26	1	27
Kreise (n = 155)				
bis 50 000	2,9	6	1	7
50 000-100 000	3,6	7	1	8
über 100 000	5,1	10	1	11
				difu

*Quelle: Difu-Umfrage "Kommunale Wirtschaftsförderung 1993".

Die Spannweiten der Werte sind in allen Gemeinde- und Kreisgrößenklassen erheblich. Am unterschiedlichsten sind die Städte mit 100 000 und mehr Einwohnern ausgestattet, mit zwischen einem und 27 Mitarbeitern.

In etwa einem Viertel der befragten Städte und rund 14 Prozent der Kreise liegt die Mitarbeiterquote zwischen eins und zwei (Abb. 4). Rund sieben Prozent der Wirtschaftsförderungsdienststellen in den Städten, aber nur denen zweier Kreise stehen mehr als zwei Mitarbeiter je 10 000 Einwohner zur Verfügung. Die Personalausstattung der Wirtschaftsförderungseinrichtungen in den Städten und Kreisen der neuen Bundesländer ist also vergleichsweise gut, jedoch gibt es erhebliche Ausstattungsunterschiede, vor allem in den kleineren Städten und Landkreisen.

Abbildung 4:   Mitarbeiter in Wirtschaftsförderungseinrichtungen pro 10 000 Einwohner in den Städten und Kreisen*

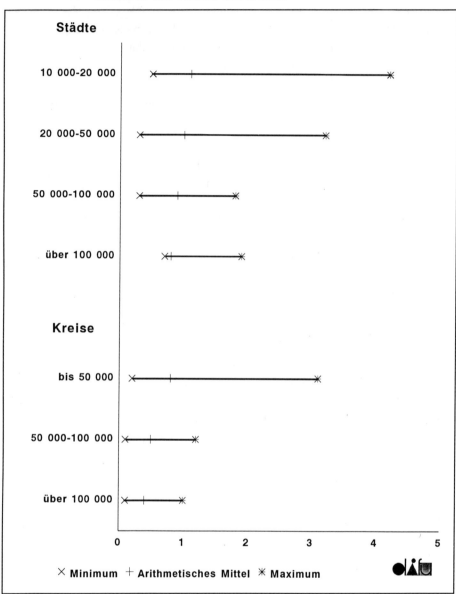

*Quelle: Difu-Umfrage "Kommunale Wirtschaftsförderung 1993".

Die Mitarbeiterquote[12] (Abb. 5) liegt in den Städten bei 1,0, in den Kreisen bei 0,7. Die kleineren Städte und Kreise sind relativ betrachtet geringfügig besser mit Personal ausgestattet. Meistenteils sind die Wirtschaftsförderungsdienststellen in den Städten und Kreisen mit bis zu einem Mitarbeiter je 10 000 Einwohner ausgestattet.

---

12 Mitarbeiter je 10 000 Einwohner.

Abbildung 5: Personalausstattung der Wirtschaftsförderungseinrichtungen in den Städten und Kreisen, Häufigkeit der Dienststellen in %*

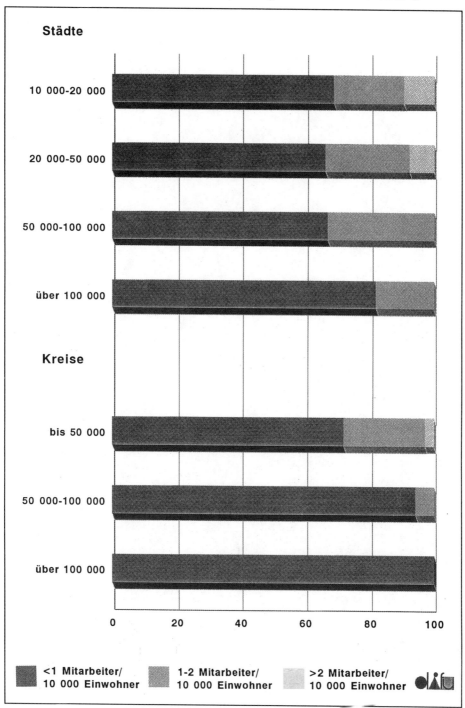

*Quelle: Difu-Umfrage "Kommunale Wirtschaftsförderung 1993".

47

5. Konzepte für die kommunale Wirtschaftsförderung

Die Konzepte der kommunalen Wirtschaftsförderung nehmen Bezug auf die unterschiedlichen sektoralen und räumlichen Maßstäbe. Sie reichen von übergeordneten strategischen Überlegungen (allgemeinen wirtschaftlichen Zielsetzungen, Gesamtkonzepten der Wirtschaftsentwicklung) bis zu Einzelkonzepten für unterschiedliche gewerbepolitische Aufgabenfelder (Gewerbe-, Büroflächen-, Einzelhandelsrahmenkonzepte usw.).

In der Erarbeitung der unterschiedlichen Konzepte lassen sich deutliche Präferenzen feststellen (Abb. 6). Flächensicherung und Standortvorsorge sind das "Standbein" kommunaler Gewerbepolitik. Vorausschauende Gewerbeflächenpolitik setzt eine detaillierte Bestandsaufnahme des Flächenangebots und eine möglichst genaue Bedarfsabschätzung voraus, mit dem Ziel der zeitgerechten Bereitstellung eines differenzierten Gewerbeflächenangebots für Betriebsverlagerungen und Ansiedlungen. Die Städte in den neuen Bundesländern haben dieser Notwendigkeit kommunaler Wirtschaftsförderung Rechnung getragen, indem sie zunächst am häufigsten Gewerbeflächenkonzepte erarbeitet haben (123 Nennungen). Gerade aber bei den großen Städten mit 100 000 und mehr Einwohnern scheint die Erarbeitung umfassender Gewerbeflächenkonzepte noch nicht recht in Gang gekommen zu sein, oder man hat sich für die Erarbeitung von Teilkonzepten entschieden. Während nämlich durchschnittlich 83 Prozent aller befragten Städte Gewerbeflächenkonzepte erarbeiten oder erarbeitet haben, waren es von den großen Städten nur rund zwei Drittel (Tab. 5). Deren Zurückbleiben in diesem Bereich liegt in vielen Fällen sicherlich an der größeren Vielfalt der Akteure (vgl. 8.6) und auch an möglichen Abstimmungsproblemen zwischen Politik und Verwaltung sowie innerhalb der Ebenen (vgl. 9.2).

Abbildung 6: Konzepte der Wirtschaftsförderung in den Städten, in %*

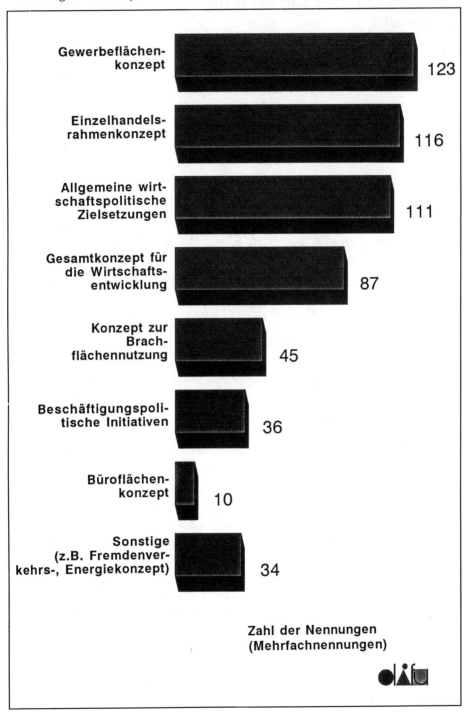

Gewerbeflächen-konzept 123

Einzelhandels-rahmenkonzept 116

Allgemeine wirt-schaftspolitische Zielsetzungen 111

Gesamtkonzept für die Wirtschafts-entwicklung 87

Konzept zur Brach-flächennutzung 45

Beschäftigungspoli-tische Initiativen 36

Büroflächen-konzept 10

Sonstige (z.B. Fremdenver-kehrs-, Energiekonzept) 34

Zahl der Nennungen (Mehrfachnennungen)

*Quelle: Difu-Umfrage "Kommunale Wirtschaftsförderung 1993".

Tabelle 5:   Fertiggestellte oder in Bearbeitung befindliche Konzepte für die Wirtschaftsförderung in den Städten und Kreisen, nach Gemeinde- bzw. Kreisgrößenklassen*

	Gesamtkonzept für die Wirtschaftsentwicklung		Allgemeine wirtschaftspolitische Zielsetzungen		Beschäftigungspolitische Initiativen		Gewerbeflächenkonzepte		Einzelhandelsrahmenkonzepte		Büroflächenkonzepte		Konzepte zur Brachflächennutzung		Sonstige	
	abs.	%	abs.	%	abs.	%	abs.	%	abs.	%	abs.	%	abs.	%	abs.	%
Städte																
10 000-20 000	37	62	43	71	15	25	49	80	40	66	4	7	13	21	15	33
20 000-50 000	31	51	44	73	15	25	53	88	52	85	1	2	23	38	13	31
50 000-100 000	10	67	13	87	2	14	13	87	15	100	3	20	5	33	3	38
über 100 000	9	75	11	92	4	33	8	67	9	75	2	17	4	33	3	50
Insgesamt	87	59	111	75	36	24	123	83	116	78	10	7	45	30	34	33
Kreise																
bis 50 000	61	90	60	88	25	37	54	79	22	32	2	3	18	27	23	46
50 000-100 000	57	85	56	82	27	41	55	82	19	28	-	-	23	85	17	41
über 100 000	13	93	12	86	5	36	10	77	3	21	1	7	4	29	4	57
Insgesamt	131	88	128	85	57	38	119	79	44	29	3	2	45	31	44	44

difu

*Quelle: Difu-Umfrage "Kommunale Wirtschaftsförderung 1993".

51

Angesichts der Vordringlichkeit der Steuerung der Einzelhandelsentwicklung in Ostdeutschland (vgl. 8.4) wurden in den Städten sehr häufig Einzelhandelsrahmenkonzepte erarbeitet (116 Nennungen). Von den befragten Städten zwischen 50 000 bis unter 100 000 Einwohnern und den Großstädten hatten zum Zeitpunkt der Befragung sogar alle ein Einzelhandelsrahmenkonzept zumindest in der Bearbeitung. Dabei zeigen sich auch deutliche Unterschiede zwischen den Bundesländern. Während die Städte in Mecklenburg-Vorpommern und Thüringen zu etwa 90 Prozent derartige Konzepte erarbeiten oder erarbeitet haben, war es in Sachsen-Anhalt nur rund die Hälfte.

In den neuen Bundesländern sind in kurzer Zeit umfangreiche Gewerbeflächen neu ausgewiesen, und - sieht man einmal von den Kernstädten ab - auch erschlossen worden. Alte, bereits langjährig genutzte Gewerbeflächen in den Kernstädten sind dagegen häufig erheblich eingeschränkt verfügbar, wegen ungeklärter Eigentumsverhältnisse, unklarer Wiedernutzungsmöglichkeiten alter Gebäude oder Problemen der Altlastensanierung. Bei der Stärkung der Kernstädte und im Rahmen einer ressourcenschonenden Flächenausweisung kommt der Wiedernutzung von Gewerbebrachen eine besondere Bedeutung zu. Konzepte zur Brachflächennutzung sollen sowohl eine Bestandsaufnahme und Situationsbeschreibung liefern als auch mögliche Lösungsansätze aufzeigen, da die Wiedernutzung alter Flächen unter dem Stichwort "sparsamer Flächenverbrauch" auch in den ostdeutschen Städten ein Thema ist oder werden wird. Solche Konzepte sind bisher in 30 Prozent der befragten Städte erarbeitet worden oder in Bearbeitung. Sie wurden in Städten aller Größenklassen etwa gleich häufig entwickelt, allerdings ergeben sich zwischen den einzelnen Bundesländern hierbei zum Teil erhebliche Unterschiede. Während in Sachsen und Thüringen mehr als 40 Prozent der Städte über Brachflächenkonzepte verfügen, sind es in Mecklenburg-Vorpommern und Brandenburg nur 15 Prozent bzw. 13 Prozent. Dies kann auf unterschiedliche Prioritätensetzungen der Landespolitik zurückzuführen sein, ist aber sicherlich auch eine Folge des unterschiedlichen Industrialisierungsgrades.

Beschäftigungspolitischen Initiativen kommt unter dem Vorzeichen hoher Arbeitslosigkeit in Ostdeutschland eine große Bedeutung zu. In den neuen Bundesländern gibt es unterschiedliche arbeitsmarktpolitische Landesprogramme[1]. Sie umfassen auch für die kommunale Wirtschaftsförderung interessante Programmteile beispielsweise zur Förderung von Existenzgründungen[2], zur Förderung regulärer

---

1 Für einen Vergleich der Landesprogramme "Qualifizierung und Arbeit in Brandenburg", "Arbeit für Mecklenburg-Vorpommern", "Arbeit und Qualifizierung für Sachsen", "Arbeitsmarktpolitik für Sachsen-Anhalt", "Arbeit für Thüringen" vgl. *Europäisches Forschungsinstitut Königswinter/Magdeburg*, Synopse der arbeitsmarktpolitischen Programme der neuen Bundesländer, Stand: Dezember 1993.

2 Z.B. die Förderung von Arbeitsförderungsgesellschaften in Brandenburg, Mecklenburg-Vorpommern und Sachsen; Kreditprogramme für erwerbswirtschaftliche Beschäftigungsinitiativen und Existenzgründungen in Brandenburg und Mecklenburg-Vorpommern; die

Arbeitsplätze[3] und zum Aufbau arbeitsmarktpolitischer Infrastruktur[4]. Beschäftigungspolitische Initiativen werden bisher aber deutlich weniger häufig als Konzepte der Wirtschaftsförderung genannt, nämlich in weniger als einem Viertel der Städte. Auch in den Kommunen der alten Länder werden beschäftigungspolitische Aufgaben häufig eher in der Zuständigkeit des Bundes und des Landes gesehen. Als Folge der dramatischen Entwicklung auf dem Arbeitsmarkt deutet sich aber ein Wandel zu aktiverem Handeln der Kommunen in diesem Bereich an. Die Unterschiedlichkeit der Aufgaben und der Klientel - einerseits Wirtschaftsbetriebe, andererseits Arbeitslose - macht zwar eine deutliche Abgrenzung der Aufgabenbereiche "Wirtschaftsförderung" und "Beschäftigungsförderung" nötig (beispielsweise bei der Stellenbildung[5]). Unter den gegebenen wirtschaftlichen Rahmenbedingungen Ostdeutschlands erscheint aber eine Integration beider Aufgabenbereiche in einer Wirtschaftsförderungsdienststelle und eine Koordination der Aktivitäten beider Bereiche - wie es sie zum Teil in ostdeutschen Wirtschaftsförderungseinrichtungen schon gibt - als besonders sinnvoll.

Mit dem wirtschaftlichen Strukturwandel ist nicht nur ein Wandel der Beschäftigungsstruktur, sondern auch eine Veränderung der Arbeitsstätten verbunden. Zu Beginn der 90er Jahre arbeiteten in Westdeutschland mehr als 13 Mio. Menschen, knapp 45 Prozent aller Beschäftigten, in Büros. In Ostdeutschland wird der Wandel von der Industrie- zur Dienstleistungsgesellschaft besonders deutlich, weil in kurzer Zeit ein großer Teil der industriellen Arbeitsplätze "weggebrochen" ist und Dienstleistungsarbeitsplätze - darunter in Büros bei Rechtsanwälten, Steuer- und Unternehmensberatern usw. - nahezu "aus dem Nichts" entstanden sind. Den Mangel an adäquaten Büroflächen spürt man in fast allen Städten und besonders in den großen Verdichtungsräumen, wo er ein Hemmnis für die wirtschaftliche Entwicklung darstellt. Mittlerweile sind namentlich in den Verdichtungsräumen Thüringens und Sachsens Märkte für Büromietflächen entstanden. Bei einem durchschnittlichen Flächenverbrauch je Bürobeschäftigten von rund 22 qm Mitte der 80er Jahre und steigendem Anteil an Bürobeschäftigten hat dieses Gewerbeflächensegment eine erhebliche Bedeutung auch im Rahmen der vorausschauenden Standortvorsorgepolitik gewonnen. Bisher haben sieben Prozent der Städte besonders spezialisierte Fachpläne, wie Büroflächenkonzepte, erarbeitet. Sie werden vor allem in Städten mit mehr als 50 000 Einwohnern eingesetzt.

Förderung von Existenzgründungen aus der Arbeitslosigkeit in allen ostdeutschen Bundesländern und Programme im Rahmen der ESF-Projektförderung.

3   Z.B. Einstellungsbeihilfen.

4   Trägergesellschaften des Landes (TGL) , Förderung von Einrichtungen der beruflichen Bildung in allen ostdeutschen Bundesländern, aber auch landesspezifische Sonderprogramme wie beispielsweise die Bildung von Expertenteams zur Beratung investiver Vorhaben in Sachsen (Herkules).

5   Zur Abgrenzung der Aufgabenbereiche bei der Stellenbildung vgl. *Kommunale Gemeinschaftsstelle für Verwaltungsvereinfachung (KGSt)*, S. 52 f.

Die Kreise setzen in ihren Konzepten der Wirtschaftsförderung Präferenzen, die sich deutlich von denen der Städte unterscheiden (Abb. 7). Während die Städte am häufigsten spezifische Konzepte für unterschiedliche gewerbepolitische Aufgabenfelder nennen, sind es bei den Kreisen am häufigsten übergeordnete Konzepte und strategische Überlegungen. Zumeist sind es Gesamtkonzepte für die Wirtschaftsentwicklung (131 Nennungen), annähernd ebensooft werden allgemeine wirtschaftspolitische Zielsetzungen genannt (128 Nennungen). Beschäftigungspolitische Initiativen werden in den Kreisen deutlich häufiger als Konzept der Wirtschaftsförderung eingesetzt als in den Städten. Bezüglich der spezifischen gewerbepolitischen Aufgabenfelder werden am häufigsten Gewerbeflächenkonzepte genannt (119 Nennungen). Brachflächenkonzepte und Einzelhandelsrahmenkonzepte sind dagegen erheblich seltener (45 bzw. 44 Nennungen), Büroflächenkonzepte liegen in den befragten Kreisen nur in drei Fällen vor.

Abbildung 7:   Konzepte der Wirtschaftsförderung in den Kreisen, in %*

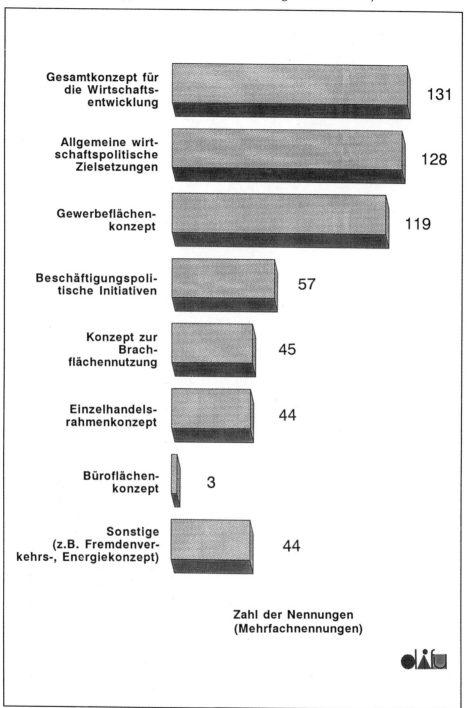

Gesamtkonzept für die Wirtschaftsentwicklung — 131

Allgemeine wirtschaftspolitische Zielsetzungen — 128

Gewerbeflächenkonzept — 119

Beschäftigungspolitische Initiativen — 57

Konzept zur Brachflächennutzung — 45

Einzelhandelsrahmenkonzept — 44

Büroflächenkonzept — 3

Sonstige (z.B. Fremdenverkehrs-, Energiekonzept) — 44

Zahl der Nennungen (Mehrfachnennungen)

*Quelle: Difu-Umfrage "Kommunale Wirtschaftsförderung 1993".

6. Das Gewerbeflächenangebot

Die Kommunen haben eine ganze Reihe Mittel, mit denen sie ihre allgemeinen wirtschaftspolitischen Zielsetzungen umsetzen und spezielle Konzepte für einzelne gewerbepolitische Aufgabenbereiche verwirklichen können: So etwa infrastruktur- und liegenschaftspolitische Instrumente, Informations-, Beratungs- und Vermittlungsleistungen, Hilfen zur Klärung bau- und ordnungsrechtlicher Fragen, Vergabe von Aufträgen an ortsansässige Firmen sowie Instrumente zur Steuer- und Tarifgestaltung.

Der Aktivierung gewerblicher Neubauflächen sowie der Reaktivierung alter gewerblicher und industrieller Areale im Zuge kommunaler Infrastruktur- und Liegenschaftspolitik kommt dabei eine herausragende Bedeutung zu. "Wie alle neueren Standortuntersuchungen einheitlich belegen, stellt die zum Nachfragezeitpunkt der Unternehmer hinsichtlich Größe, Lage, Nutzungsmöglichkeit und Preis annehmbare Verfügbarkeit geeigneten Grund und Bodens einen der wichtigsten Faktoren unternehmerischer Standortentscheidungen dar."[1] Zugespitzt formuliert: Wenn eine Kommune keine geeigneten Gewerbeflächen für Betriebsverlagerungen, -erweiterungen und Neuansiedlungen anbieten kann, bleiben alle anderen wirtschaftsfördernden Instrumente wirkungslos. Eine Flächenangebotsplanung, wie sie von westdeutschen Kommunen auf der Grundlage des entsprechenden Bauplanungsrechts seit langem betrieben wird, hat es in der DDR nicht gegeben. Demzufolge bestand im Jahr 1990 in Ostdeutschland zunächst ein ausgesprochener Mangel an rasch verfügbaren Gewerbeflächen. Um solche gravierenden Entwicklungshemmnisse abzubauen, haben ostdeutsche Kommunen seit dem Frühjahr 1990 entsprechende Planungs- und Entwicklungsmaßnahmen in Angriff genommen. Im folgenden soll aufgezeigt werden, wie sich die Situation bei der kommunalen Gewerbeflächenbereitstellung zwischen Harz und Lausitz sowie zwischen Thüringer Wald und Ostsee darstellt und welche gemeindegrößenspezifischen bzw. teilräumlichen Entwicklungen stattgefunden haben.

---

1 *Roman Sartowski*, Organisation und Praxis kommunaler Wirtschaftsförderung - dargestellt am Beispiel der Kommunen Schleswig-Holsteins, Düsseldorf 1990, S. 103. Vgl. dazu auch *Heuer*.

6.1 Planung, Entwicklung und Belegung neuer Gewerbeflächen

Die Planung und Entwicklung von Gewerbeflächen wurden bislang in den ostdeutschen Städten im ganz überwiegenden Maß in den Außenbereichen vorgenommen. Nur so konnte unter erheblichem Zeit- und Handlungsdruck kurzfristig ein Gewerbeflächenangebot geschaffen werden, weil bekanntermaßen die Reaktivierung von Industriebrachen in den städtischen Innenbereichen eine Aufgabe ist, die bestenfalls in einem mittelfristigen Zeithorizont bearbeitet werden kann. Vielerorts werden infolge erheblicher Probleme - zu denken ist vorrangig an Bodenverunreinigungen und ungeklärte Eigentumsverhältnisse - Lösungen sogar erst nach langen Zeiträumen vorliegen.

Der jeweilige Gesamtumfang neuer Gewerbeflächen - enthaltend sämtliche in den befragten Städten für Gewerbegebiete vorgesehenen bzw. in der Diskussion befindlichen Neubauflächen - weicht erwartungsgemäß beträchtlich ab und schwankt zwischen fünf und 988 Hektar. Zurückzuführen sind diese erheblichen Differenzen auf die jeweiligen stadtpolitischen Prioritäten, auf den unterschiedlichen Stand der Planungsarbeiten, aber auch auf die unterschiedlichen topographischen und siedlungsgeographischen Gegebenheiten.

Bei den befragten Städten liegt die mittlere Spanne[2] für Neuflächen, die sich im Verfahren der Bauleitplanung befinden, zwischen 28 und 85 Hektar. Mit zunehmender Stadtgröße erhöht sich der Umfang der Flächen im förmlichen Planungsverfahren erheblich (Tab. 6.). Betrachtet man indes den Umfang der geplanten neuen Gewerbeflächen pro Einwohner, entsteht ein ganz anderes Bild. Der Umfang geplanter Flächen sinkt mit wachsender Stadtgröße: In den Großstädten liegt er im Durchschnitt lediglich bei zehn Quadratmeter pro Einwohner. Zum Vergleich: Beispielsweise sind für die Stadtregionen München und Hannover in den Flächennutzungsplänen Reserveflächen von sechs bzw. 14 Quadratmeter pro Einwohner ausgewiesen[3]. In den kleinen Mittelstädten Ostdeutschlands (Größenklasse 10 000 bis 20 000 Einwohner) erreichen die planungsrechtlich erfaßten Flächen hingegen einen Durchschnittswert von 31 Quadratmeter pro Einwohner. Demzufolge besteht unterhalb der Großstadtebene bei einer ganzen Reihe von Kommunen mit deutlich weniger als 100 000 Einwohnern die Gefahr eines langfristigen Überangebotes an Gewerbeflächen, sofern ein umfangreicher Teil der Planungen tatsächlich realisiert werden sollte[4]. Ein Blick auf die geneh-

---

2 Siehe Tabelle 6, Fn. 1.
3 Vgl. *Stefan Bach u.a. (Bearb.)*, Wechselwirkungen zwischen Infrastrukturausstattung, strukturellem Wandel und Wirtschaftswachstum. Zur Bedeutung wirtschaftsnaher Infrastruktur für die Entwicklung in den neuen Bundesländern. Gutachten im Auftrag des Bundesministers für Wirtschaft, Berlin 1994, Deutsches Institut für Wirtschaftsforschung, S. 60.
4 Vgl. hierzu auch *Petra Heising und Heiner Schote*, Aufschwung läßt auf sich warten. Zum Überangebot an Gewerbeflächen in den neuen Bundesländern, in: Deutsche Bauzeitung, Nr. 5 (1993), S. 146-150.

Tabelle 6: Planung, Entwicklung und Belegung neuer Gewerbeflächen in den Städten, nach Gemeindegrößenklassen*

Größenklasse	Gesamtumfang der neuen Gewerbeflächen		Umfang der Flächen in förmlichen Planungsverfahren		Umfang der Flächen mit in Kraft getretenen B-Plänen		Umfang der Flächen mit in Kraft getretenen V+E-Plänen		Umfang der erschlossenen und baureifen Flächen		Umfang der voraussichtlich bis Ende 1993 belegten Flächen	
	Mittlere Spanne[1] von... bis... ha	qm/EW	Mittlere Spanne[1] von... bis... ha	qm/EW	qm/EW	%[2]	qm/EW	%[2]	qm/EW	%[2]	qm/EW	%[2]
10 000-20 000	28-77	45	22-57	31	19	59	10	25	17	49	13	41
20 000-50 000	50-121	31	30-98	23	15	53	5	23	14	51	8	38
50 000-100 000	60-321	29	64-312	26	16	55	8	30	10	35	7	26
über 100 000	93-490	14	64-419	10	3	37	1	5	3	36	2	30
Insgesamt	40-120	36	28- 85	25	15	53	7	22	14	48	10	37
Zahl der antwortenden Städte		123		91	91		62	50	95	68	101	72

difu

*Quelle: Difu-Umfrage "Kommunale Wirtschaftsförderung 1993".

1 Mittlere Spanne: Jeweils 50 % der Angaben über den Flächenumfang liegen in den aufgeführten Spannen, so daß die unteren und oberen 25 % der jeweiligen Verteilung der angegebenen Gewerbeflächenwerte ("Ausreißer") ausgeklammert werden.
2 Jeweiliger prozentualer Anteil an den Flächen in förmlichen Planungsverfahren.

Tabelle 7:   Planung, Entwicklung und Belegung neuer Gewerbeflächen in den Städten, nach siedlungsstrukturellen Gebietstypen*

Gebietstyp	Gesamtumfang der neuen Flächen		Umfang der Flächen in förmlichen Planungsverfahren		Umfang der Flächen mit in Kraft getretenen B-Plänen		Umfang der Flächen mit in Kraft getretenen V+E-Plänen		Umfang der erschlossenen und baureifen Flächen		Umfang der voraussichtlich bis Ende 1993 belegten Flächen	
	Mittlere Spanne[1] von... bis... ha	qm/EW	Mittlere Spanne[1] von... bis... ha	qm/EW	qm/EW	%[2]	qm/EW	%[2]	qm/EW	%[2]	qm/EW	%[2]
Regionen mit großen Verdichtungsräumen	36-128	35	20-89	27	13	47	7	24	13	44	11	41
Große Kernstädte	143-421	13	26-455	8	4	37	1	7	2	33	2	29
Hochverdichtete Kreise	19-70	30	11-58	25	18	35	9	27	16	45	12	38
Verdichtete Kreise	36-127	34	24-109	25	11	51	9	36	12	48	11	55
Ländliche Kreise	60-128	53	30-90	41	19	49	4	6	20	41	16	30
Regionen mit Verdichtungsansätzen	48-108	39	39-104	26	18	52	8	20	17	46	11	29
Kernstädte	112-824	19	122-638	13	5	28	1	4	3	33	3	23
Verdichtete Kreise	31-83	43	30-64	22	14	53	4	12	13	43	7	21
Ländliche Kreise	51-101	41	50-90	34	25	58	14	32	23	53	17	38
Ländlich geprägte Regionen	26-120	31	26-69	21	14	64	6	24	11	53	8	44
Verdichtete Kreise	46-321	34	39-293	26	12	55	6	30	10	32	6	23
Ländliche Kreise	25-71	30	21-49	18	14	68	5	21	12	63	9	54
Insgesamt	40-120	36	28-85	25	15	53	7	22	14	48	10	37
Zahl der antwortenden Städte		123		91	91	64	62	50	95	68	101	72

difu

*Quelle: Difu-Umfrage "Kommunale Wirtschaftsförderung 1993".

1 Mittlere Spanne: Jeweils 50 % der Angaben über den Flächenumfang liegen in den aufgeführten Spannen, so daß die unteren und oberen 25 % der jeweiligen Verteilung der angegebenen Gewerbeflächenwerte ("Ausreißer") ausgeklammert werden.

2 Jeweiliger prozentualer Anteil an den Flächen in förmlichen Planungsverfahren.

60

migten Gewerbegebietsplanungen bestätigt diese Befürchtung. In kleinen Mittelstädten etwa erreicht der Umfang in Kraft getretener B-Pläne 19 Quadratmeter pro
Einwohner und übertrifft mithin den Durchschnittswert der Großstädte um mehr
als das Sechsfache.

Sieht man einmal von den Kernstädten verdichteter Räume ab, zeigen die Angaben der Befragten, daß in ostdeutschen Kommunen recht rege mit dem Instrument Vorhaben- und Erschließungsplan gearbeitet wird. Der Flächenanteil von in
Kraft getretenen Vorhaben- und Erschließungsplänen am Umfang der Flächen in
förmlichen Planungsverfahren beträgt in Umlandkommunen der Kernstädte bis zu
36 Prozent (Tab. 7). Der ausgewiesene Umfang an solcherweise bereitzustellen-
den Flächen schwankt - abseits der Kernstädte - zwischen vier und 14 Quadratmetern pro Einwohner. Gründe für die häufige Anwendung dieses "zunächst im
Rahmen der Bauplanungs- und Zulassungsverordnung der DDR vom 20.6.1990
erfundenen Instruments 'VE-Plan'"[5] sind Beschleunigungseffekte und kommunale
Kosteneinsparungen, vor allem durch eine Straffung des Aufstellungsverfahrens
und eine Überwälzung der Erschließungskosten auf den jeweiligen Investor. Die
"Kehrseite der Medaille" besteht allerdings in der Gefahr einer Dominanz privater
gegenüber öffentlichen Belangen bei städtischen Entwicklungsprozessen[6].

Eine Analyse des aktuellen Angebots an erschlossenen und baureifen Gewerbeflächen führt zu folgenden Befunden: Der immer wieder erhobene Vorwurf von zu-
viel baureif gemachten gewerblichen Flächen ist mit Blick auf Dörfer und Klein-
städte sicherlich berechtigt, für ostdeutsche Großstädte ist er indes nicht haltbar.
Dort stehen nämlich im Durchschnitt lediglich drei Quadratmeter baureife Neuflächen pro Einwohner zur Verfügung. Bedenkt man zudem, daß sich Aktivitäten
beim Flächenrecycling in der Regel frühestens mittelfristig in der Flächenbilanz
bemerkbar machen, kann von einem Überfluß an sofort nutzbarem Gewerbebauland in den Großstädten keine Rede sein.

Die großen Städte betreiben bei der Erschließung der Flächen vielschichtige Planungsarbeiten und vielfältige Abstimmungsprozesse innerhalb der Verwaltungen.
Zusätzlich führen langwierige Entscheidungsfindungen im politischen Bereich zu
zeitlichen Verzögerungen. In Kommunen aller Größenklassen stellen Vorbereitung und Durchführung der Erschließungsmaßnahmen ein Nadelöhr für die Mobilisierung von Gewerbeflächen dar.

Gliedert man nach siedlungsstrukturellen Gebietstypen, so zeigen sich - gemessen
am Umfang baureifer Gewerbeflächen pro Einwohner - erhebliche Unterschiede

---

5   *Gerd Schmidt-Eichstaedt*, Städtebaurecht. Einführung und Handbuch mit den Sonderre-
    gelungen für die fünf neuen Bundesländer der Bundesrepublik Deutschland, Stuttgart
    u.a. 1993, S. 200.
6   Vgl. hierzu *Bundesministerium für Raumordnung, Bauwesen und Städtebau (Hrsg.)*,
    Baulandbericht 1993, Bonn 1993, S. 139 ff.

zwischen Kernstädten in Regionen mit großen Verdichtungsräumen bzw. mit Verdichtungsansätzen und Kommunen im Umland dieser Zentren:

- In den Kernstädten stehen lediglich zwei bis drei Quadratmeter sofort disponible Gewerbeflächen pro Einwohner zur Verfügung.
- In den Städten umliegender ländlicher Kreise sind es hingegen 20 bis 23 Quadratmeter erschlossene Flächen pro Einwohner.

Dieser Vergleich verdeutlicht, daß sich Flächenengpässe in den großen Städten und ein zum Überangebot tendierendes Potential baureifer Gewerbeflächen in ihrem Umland in relativ enger Nachbarschaft befinden.

Zwischenfazit: Ostdeutsche Kommunen unterhalb der Großstadtschwelle sind weitaus eher als die (großen) Kernstädte in der Lage, auf Flächennachfragen kurzfristig mit einem Angebot an erschlossenem neuem Gewerbebauland zu reagieren. Das verschafft kleineren, günstig gelegenen Städten gegenüber den Großstädten im Wettbewerb um verlagerungs- und ansiedlungswillige Betriebe Vorteile. Indes muß mit Nachdruck auf die Gefahr hingewiesen werden, daß den großzügigen Gewerbegebietsplanungen in zahlreichen kleinen Kommunen auch langfristig keine entsprechende unternehmerische Nachfrage gegenübersteht; die negativen Auswirkungen gewerbepolitischer Fehleinschätzungen können erheblich sein. Die Planungskosten für die Erstellung der Bauleitpläne halten sich zwar in Grenzen; die Erschließung der Gewerbegebiete hingegen verschlingt beträchtliche Kosten, so daß unterausgelastete gewerbliche Areale ein finanzielles Fiasko nach sich ziehen[7].

Ein sichtbarer Gradmesser für den Erfolg kommunaler Wirtschaftsförderung ist neben der Anzahl geschaffener Arbeitsplätze die Belegung der in der Regel mit erheblichem finanziellen Aufwand erschlossenen Gewerbeflächen. Bislang lagen keine vergleichbaren flächendeckenden Daten hierüber in Ostdeutschland vor. Vielmehr existierten lediglich Schätzungen der zuständigen Länderministerien sowie Veröffentlichungen, die sich entweder auf Beispiele beziehen oder mit Datenmaterial arbeiten, das nicht flächendeckend ist[8].

Die Auswertung der Angaben von an der Difu-Umfrage beteiligten ostdeutschen Städten ab 10 000 Einwohner führt zu folgenden Ergebnissen[9]:

---

7 Vgl. hierzu *Heising/Schote.*
8 So etwa *Petra Pinzler,* Buddeln für den Aufschwung. Ostdeutschland: Zur Erschließung von Gewerbeflächen wird viel Geld in den Sand gesetzt, in: Die Zeit vom 26.11.1993, und *Roland Stimpel,* Luftschloß am Rand. Ostdeutsche Gemeinden planen immer noch zu viele neue Gewerbegebiete, in: Wirtschaftswoche vom 25.9.1992, S. 30-34.
9 Leider konnten die Angaben der befragten Kreisverwaltungen - die die Situation aller kreisangehörigen Kommunen wiedergeben sollten - nicht einbezogen werden. Der Grund: Zahlreiche Kreisverwaltungen kannten die Gewerbeflächensituation in ihrem Kreis ganz offensichtlich nur ungenau, denn in einer ganzen Reihe von Fällen übertrafen die Angaben von nur wenigen kreisangehörigen Kommunen die der Kreisverwaltungen für den ganzen Kreis um ein mehrfaches.

Tabelle 8: Belegung von Gewerbegebieten, gemessen am prozentualen Anteil der voraussichtlich bis Ende 1993 belegten Flächen an erschlossenen neuen Gewerbeflächen, nach Gemeindegrößenklassen und siedlungsstrukturellen Gebietstypen*

Größenklasse/ Gebietstyp	Zahl der gültigen Antworten	Belegung in %
Städte		
10 000-20 000	32	74,0
20 000-50 000	31	59,9
50 000-100 000	6	70,8
über 100 000	7	86,1
Insgesamt	76	69,1
Gebietstyp		
Regionen mit großen Verdichtungsräumen	24	71,3
Große Kernstädte	4	78,9
Hochverdichtete Kreise	7	73,2
Verdichtete Kreise	8	76,9
Ländliche Kreise	5	53,6
Regionen mit Verdichtungsansätzen	30	64,8
Kernstädte	3	81,4
Verdichtete Kreise	14	62,1
Ländliche Kreise	13	63,9
Ländlich geprägte Regionen	22	72,6
Verdichtete Kreise	7	71,2
Ländliche Kreise	15	73,2
Insgesamt	76	69,1
		difu

*Quelle: Difu-Umfrage "Kommunale Wirtschaftsförderung 1993".

Insgesamt errechnet sich für die befragten Städte ein Belegungsgrad[10] von rund 69 Prozent (Tab. 8). Differenziert nach Gemeindegrößenklassen steigt die Auslastung von mehr als 59 Prozent (Mittelstädte 20 000 bis 50 000 Einwohner)

---

10 Der Belegungsgrad wurde gemessen am prozentualen Anteil der voraussichtlich bis Ende 1993 belegten Flächen an neuen erschlossenen Gewerbeflächen.

auf über 86 Prozent in den Großstädten. Einschränkend sei angemerkt, daß im Sommer 1993 nach dem Umfang der bis Ende des Jahres 1993 voraussichtlich belegten Flächen gefragt wurde. Die Auslastung kann also geringer sein, wobei gravierende Änderungen beim jeweiligen Belegungsgrad nicht eingetreten sein dürften. Darüber hinaus muß man bedenken, daß in zahlreichen ungünstig gelegenen kleineren Städten (mit weniger als 10 000 Einwohnern) und Dörfern der jeweilige Belegungsgrad neuer Gewerbegebiete ganz beträchtlich unter 60 Prozent liegt.

Karte 3: Belegung von Gewerbegebieten*

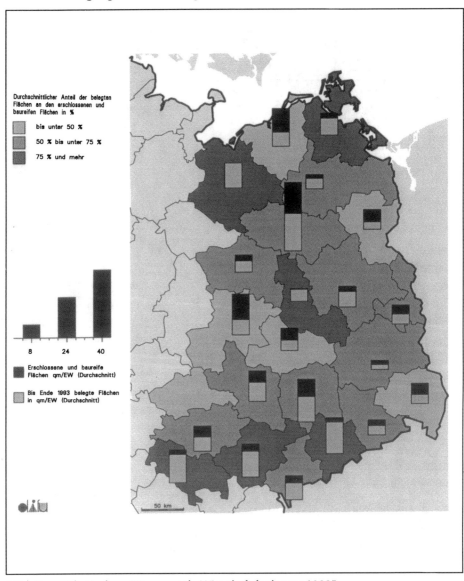

*Quelle: Difu-Umfrage "Kommunale Wirtschaftsförderung 1993".

Gegliedert nach siedlungsstrukturellen Gebietstypen sind sowohl innerhalb der Regionen mit großen Verdichtungsräumen als auch innerhalb derer mit Verdichtungsansätzen beträchtliche Auslastungsunterschiede zwischen den Kernstädten und deren Umland zu beobachten. So sinkt der Belegungsgrad in den Regionen mit Verdichtungsansätzen von "innen nach außen" von gut 81 Prozent auf knapp 64 Prozent. Ein Blick auf Karte 3 macht zwei Aspekte deutlich: Ein leichtes Süd-Nord-Gefälle beim Belegungsgrad sowie ein, verglichen mit den verdichteten Räumen, relativ gutes Abschneiden der ländlich geprägten Regionen.

Ein Vergleich der Befragungsergebnisse mit Schätzungen der Wirtschaftsministerien der Länder (Tab. 9) läßt den Schluß einer zu optimistischen Schätzung der Länder, abgesehen von Brandenburg, zu, wenn man bedenkt, daß in den geschätzten Auslastungsquoten auch kleine und kleinste Kommunen berücksichtigt worden sind. Dies gilt vor allem für die Einschätzung der Situation in Thüringen und Sachsen-Anhalt.

Tabelle 9: Belegung von neuen Gewerbegebieten, nach Bundesländern. Vergleich der erhobenen Daten mit Schätzungen der zuständigen Länderministerien, in %*

Bundesland	Belegungsgrad	
	Difu-Umfrage	Länderschätzung
Brandenburg	65	40-45
Mecklenburg-Vorpommern	79	70
Sachsen	73	60-70
Sachsen-Anhalt	54	56
Thüringen	79	88
Insgesamt	69	
		difu

*Quelle: Difu-Umfrage "Kommunale Wirtschaftsförderung 1993"; *Nederlands Economisch Instituut,* Production related infrastructure in the new German Länder and East Berlin with examples of Sachsen, Sachsen-Anhalt and Thüringen, Rotterdam 1994, S. II; Auskünfte zuständiger Dienststellen.

Gleichwohl ist das gute Abschneiden des Landes Thüringen bei der Besiedlung seiner städtischen Gewerbegebiete bemerkenswert. Es korrespondiert mit seiner führenden Position im Wirtschaftswachstum der ostdeutschen Bundesländer. Mit Blick auf den Belegungsgrad der neuen Gewerbegebiete Mecklenburg-Vorpommerns ist anzumerken, daß mit durchschnittlich elf Quadratmetern erschlossener Gewerbefläche pro Einwohner der Bestand disponibler Flächen deutlich geringer ist als im Süden Ostdeutschlands; z.B. liegt der Vergleichswert Sachsen-Anhalts bei 19 Quadratmetern pro Einwohner.

Insgesamt bleibt festzuhalten, daß die ermittelten Auslastungsraten erschlossener Gewerbeflächen in den ostdeutschen Mittel- und Großstädten erstaunlich hoch sind. Die Ergebnisse werden auch dadurch nicht beeinträchtigt, daß die Erwartungen der befragten Städte hinsichtlich der Entwicklungen bei der Besiedlung ihrer erschlossenen Gewerbe- und Industriegebiete sicherlich zum Teil zu optimistisch waren. Außerdem sind bei einer bedarfsgerechten Erschließung stets Flächen für künftige Betriebsverlagerungen, -erweiterungen und Neuansiedlungen einzukalkulieren hat.

6.2 Aufbereitung von Industriebrachen

Neben den neuen Gewerbeflächen tragen ehemals gewerblich genutzte Brachflächen in erheblichem Umfang zum städtischen Gewerbeflächenpotential bei. Allerdings ist die Revitalisierung von brachgefallenen Gewerbeflächen mit erheblichen Schwierigkeiten verbunden. Dies trifft im besonderen Maße für Ostdeutschland zu. Die Entstehung von Industriebrachen ist dort nicht die Folge eines allmählichen, sich über einen längeren Zeitraum hinziehenden Strukturwandels, wie etwa in den altindustrialisierten Regionen Nordrhein-Westfalens und des Saarlandes. Vielmehr handelt es sich in den neuen Bundesländern um einen fast im "Zeitraffer" erfolgten Strukturbruch als Ergebnis der raschen Neuorganisation des gesamten politischen und wirtschaftlichen Systems. Die Privatisierungsarbeit der Treuhandanstalt hat dazu geführt, daß aus den sogenannten nicht mehr betriebsnotwendigen Flächen ehemaliger volkseigener Betriebe und Kombinate ein tausende Hektar umfassendes Gewerbeflächenpotential in den Innenbereichen zahlreicher Städte entstanden ist. Gleichwohl machen nicht nur vermutete und bereits entdeckte Bodenverunreinigungen sowie offene Eigentumsfragen, sondern auch unzureichende Erfahrungen bei der gesamten Prozeßbewältigung eine kurzfristige Reaktivierung dieser Flächen für eine gewerbliche Wiedernutzung ungemein schwierig.

Trotz dieser ungünstigen Ausgangssituation geben insgesamt jeweils 80 Prozent der befragten Städte und Kreise an, brachgefallene Industrieflächen wieder aufzubereiten (Tab. 10)[11]. Die Häufigkeit steigt mit wachsender Stadt- bzw. Kreisgröße beträchtlich an. So bereiten 75 Prozent der kleinen Mittelstädte (Größenklasse 10 000 bis 20 000 Einwohner) brachgefallene gewerbliche Areale wieder auf, von den Städten mit mehr als 100 000 Einwohnern sind dies dagegen sogar 92 Prozent. Eine Erklärung dafür ist das geringe Angebot an erschlossenen Gewerbeflächen in den Großstädten, so daß dort ein größerer Druck besteht, neben der Aktivierung von Neuflächen auch gewerbliche Bestandsflächen zu mobilisieren.

---

11 Dabei ist einschränkend darauf zu verweisen, daß in der Difu-Umfrage der jeweilige Umfang der aufbereiteten Brachflächen nicht erhoben wurde, weil Schwierigkeiten für die Beantwortung vermutet wurden. Mithin kann es sich möglicherweise vielfach eher um kleinere reaktivierte Areale handeln.

Tabelle 10: Aufbereitung von brachgefallenen Industrieflächen und deren gewerbliche Wiedernutzung, nach Gemeinde- bzw. Kreisgrößenklassen*

Größenklasse	Zahl der Antworten	Häufigkeit der Brachflächenaufbereitung		Zahl der Antworten	Anteil der gewerblichen Wiedernutzung an den aufbereiteten Brachflächen	
	abs.	abs.	%	abs.	abs.	%
Städte						
10 000-20 000	67	50	75	50	49	98
20 000-50 000	67	54	81	54	51	94
50 000-100 000	15	13	87	13	13	100
über 100 000	13	12	92	12	12	100
Insgesamt	162	129	80	129	125	96
Kreise						
bis 50 000	73	51	70	51	48	94
50 000-100 000	69	61	88	61	58	95
über 100 000	15	14	93	14	14	100
Insgesamt	157	126	80	126	120	95
						difu

*Quelle: Difu-Umfrage "Kommunale Wirtschaftsförderung 1993".

Bei einer räumlichen Differenzierung nach siedlungsstrukturellen Gebietstypen
(Tab. 11) wird das Gefälle in den Aktivitäten insofern bestätigt, als eine zum Teil
deutliche Abnahme der Recyclingmaßnahmen zwischen den Kernstädten und
kleineren Städten im Umland zu beobachten ist. So geht beispielsweise in den
Regionen mit großen Verdichtungsräumen die Brachenaufbereitung von 100 Prozent in den Kernstädten auf lediglich noch 53 Prozent in den Kommunen der
ländlichen Kreise zurück.

Vergleicht man die Situation in den Städten nach Bundesländern, zeigen sich -
abgesehen von Mecklenburg-Vorpommern - nur unwesentliche Abweichungen
von dem ostdeutschen Durchschnittswert von 80 Prozent. Nur im nordöstlichsten
Bundesland befassen sich bislang lediglich 55 Prozent der befragten Kommunen
mit der Aufbereitung von Gewerbebrachen. Das ist sicherlich auf den dort insgesamt geringeren Umfang brachgefallener Flächen zurückzuführen, hinzu kommt
die relativ geringe aktuelle Nachfrage.

Die meisten aufbereiteten Flächen sollen künftig weiter gewerblich genutzt werden. Durchschnittlich wird für 96 Prozent der hergerichteten Areale eine Fortset-

zung der bisherigen Nutzung angegeben. Dabei weichen die Angaben der befragten Städte und Kreise, egal welcher Größenklasse oder teilräumlichen Lage, kaum von diesem Durchschnittswert ab.·

Tabelle 11: Aufbereitung von brachgefallenen Industrieflächen und deren gewerbliche Wiedernutzung, nach siedlungsstrukturellen Gebietstypen*

Gebietstyp	Zahl der Antworten	Häufigkeit der Brachflächenaufbereitung		Zahl der Antworten	Anteil der gewerblichen Wiedernutzung an den aufbereiteten Brachflächen	
	abs.	abs.	%	abs.	abs.	%
Regionen mit großen Verdichtungsräumen	63	48	76	48	46	96
Große Kernstädte	6	6	100	6	6	100
Hochverdichtete Kreise	19	16	84	16	15	94
Verdichtete Kreise	21	17	80	17	17	100
Ländliche Kreise	17	9	53	9	8	89
Regionen mit Verdichtungsansätzen	59	50	85	50	49	98
Kernstädte	7	7	100	7	7	100
Verdichtete Kreise	29	24	83	24	24	100
Ländliche Kreise	23	19	83	19	18	95
Ländlich geprägte Regionen	40	31	78	31	30	97
Verdichtete Kreise	14	13	93	14	13	100
Ländliche Kreise	26	18	69	18	17	94
Insgesamt	162	129	80	129	125	96

difu

*Quelle: Difu-Umfrage "Kommunale Wirtschaftsförderung 1993".

Ob eine wirtschaftliche Wiederverwertung aufbereiteter Brachflächen in größerem Umfang möglich ist, wird ganz wesentlich von der Anlastung der Kosten für Beräumung und Aufbereitung der Flächen abhängen. Für nicht mehr betriebsnotwendige Flächen von Betrieben der Treuhandanstalt gilt seit dem 1.12.1992 eine einheitliche Finanzierungsregelung. Danach übernimmt die Treuhandanstalt bei positivem Freistellungsantrag 60 Prozent der Kosten und das jeweilige Land 40 Prozent. Eine Ausnahme stellen bisher 20 Großprojekte dar, bei denen der Anteil der Treuhandanstalt bei 75 Prozent liegt. Die gefundene einheitliche Regelung der Finanzierung macht die Chancen der Vermarktung derartiger wiederaufbereiteter Flächen eher kalkulierbar, hat aber zur Folge, daß sie keine regionale Differenzierung zuläßt, demnach auch keine gezielte Förderung bestimmter Regionen möglich ist.

6.3 Staatliche Förderung kommunaler Erschließungsmaßnahmen

Bislang wurde den ostdeutschen Kommunen die Ausweisung und Erschließung von Gewerbeflächen durch mehrere staatliche Förderprogramme erleichtert. Zu erwähnen sind:

- das Kreditprogramm des Bundes zur Förderung kommunaler Investitionen;
- die Kreditprogramme der Kreditanstalt für Wiederaufbau und der Deutschen Ausgleichsbank zur Förderung kommunaler Investitionen;
- die Förderung städtebaulicher Planungsleistungen zur Gewährleistung einer zügigen Aufstellung von Flächennutzungsplänen, Bebauungsplänen und städtebaulichen Plänen;
- die Gemeinschaftsaufgabe (GA) "Verbesserung der regionalen Wirtschaftsstruktur".

Das seit Beginn der 70er Jahre wichtigste Instrument regionaler Wirtschaftspolitik in der BR Deutschland, die GA "Verbesserung der regionalen Wirtschaftsstruktur", spielt auch bei der ökonomischen Umstrukturierung Ostdeutschlands eine entscheidende Rolle. Neben Zuschüssen als direkte Investitionsanreize für private Unternehmen ist die Gewährung von Investitionszuschüssen für die Erschließung von Industrie- und Gewerbegelände ein weiterer Schwerpunkt der Regionalförderung durch die GA. Die zumeist aufwendigen und kostspieligen Erschließungsmaßnahmen[12] gehören zu den kommunalen Selbstverwaltungsaufgaben; die Vergabe von GA-Mitteln erleichtert ihre Finanzierung ganz erheblich.

Förderfähig ist sowohl die Erschließung von Neuflächen als auch die Wiederaufbereitung von Gewerbebrachen für gewerbliche Zwecke[13]. Voraussetzung für eine staatliche Förderung kommunaler Erschließungsmaßnahmen ist, daß mindestens 51 Prozent der erschlossenen Flächen an Betriebe des Produzierenden Gewerbes vergeben werden. Waren zumindest in den Jahren 1990 und 1991 Förderhöchstsätze von bis zu 90 Prozent der Erschließungskosten durchaus üblich, sind die ostdeutschen Länder inzwischen dazu übergegangen, die Gewährung der Förderhöchstsätze restriktiver zu handhaben. So werden beispielsweise in Meck-

---

12 Vgl. *Bernard Heckenbücker*, Entwicklung von gewerblichem Bauland in den neuen Bundesländern. Ein brandenburgisches Beispiel, in: Vermessungswesen und Raumordnung, H. 5 (1991), S. 229-245.

13 Siehe hierzu: Zweiundzwanzigster Rahmenplan der Gemeinschaftsaufgabe "Verbesserung der regionalen Wirtschaftsstruktur" für den Zeitraum 1993 bis 1996 (1997) vom 19.5.1993 (BT-Drs. 12/4850), S. 25.

lenburg-Vorpommern als Grundförderung nur noch 50 Prozent der Erschlie-ßungskosten bezuschußt. Weitere Zuschläge bis zu 40 Prozent sind nur dann möglich, wenn es sich um Vorhaben mit besonders hohem Struktureffekt handelt und die Kommunen als Schwerpunktorte ausgewiesen sind[14]. Der mittlere Fördersatz lag Ende 1993 in Ostdeutschland zwischen 50 und 60 Prozent[15]. Anders als in Westdeutschland ist in den neuen Bundesländern die Vergabe von GA-Mitteln an den EU-Regionalfonds gekoppelt. Mithin wird jede GA-Maßnahme sowohl aus deutschen als auch aus europäischen Mitteln finanziert.

Von Oktober 1990 bis Ende Dezember 1992 wurden in Ostdeutschland 1800 Vorhaben im Bereich der wirtschaftsnahen Infrastruktur mit einem finanziellen Aufwand von etwa sechs Mrd. DM und einem Investitionsvolumen von 9,3 Mrd. DM gefördert[16]. Von den an der Umfrage beteiligten Kommunen[17] haben mehr als drei Viertel bei der Erschließung von Gewerbegebieten GA-Mittel bereits in Anspruch genommen bzw. tun dies momentan. Bislang spielte das Flächenrecycling dabei insgesamt eine nur untergeordnete Rolle: Nach Schätzungen aus den Ländern Sachsen, Sachsen-Anhalt und Thüringen handelt es sich bei zum Teil deutlich weniger als zehn Prozent der mit GA-Mitteln erschlossenen Gewerbegebiete um Projekte zur Wiedernutzbarmachung von brachliegendem Industrie- und Gewerbegelände[18].

Ein Vergleich nach Größenklassen (Tab. 12) zeigt ein eher diffuses Bild: Während von den kleinen Mittelstädten (10 000 bis 20 000 Einwohner) 72 Prozent GA-Mittel erhalten haben bzw. noch erhalten, sind es bei den großen Mittelstädten (50 000 bis 100 000 Einwohner) 93 Prozent; von den Großstädten erhielten bzw. erwarten 84 Prozent staatliche Zuschüsse für die Erschließung von Gewerbegebieten. Diese Zahlen deuten darauf hin, daß Fördermittel eher in größeren, "leistungsfähigen" Kommunen mit Schwerpunktfunktion eingesetzt werden und demzufolge eine aus raumordnungspolitischer Sicht zu begrüßende räumliche Konzentration bei der Mittelvergabe angestrebt wird. Betrachtet man indes den Umfang der Gewerbeflächen, die bereits mit GA-Mitteln erschlossen wurden bzw. es gerade werden, sieht die Situation anders aus: Gemessen am Umfang pro Einwohner, liegen die kleinen Mittelstädte mit 18 Quadratmetern neben den

---

14 Vgl. Ebenda, S. 80.
15 Vgl. *Bundesministerium für Wirtschaft*, Tagesnachrichten vom 8.12.1993, S. 2.
16 Vgl. *Bundesministerium für Raumordnung, Bauwesen und Städtebau (Hrsg.)*, Raumordnungsbericht 1993, Bonn 1994, S. 107. Im Bereich der wirtschaftsnahen Infrastruktur spielen Maßnahmen zur Erschließung von Gewerbegebieten eine herausragende Rolle. Weitere förderfähige Maßnahmen sind etwa die Errichtung oder der Ausbau von Verkehrsverbindungen, von Aus- und Fortbildungsstätten, von Gewerbezentren sowie von Einrichtungen der technischen Infrastruktur.
17 Die Angaben der Kreisverwaltungen fielen in einer ganzen Reihe von Fällen der Plausibilitätskontrolle zum Opfer. Siehe Fußnote 9.
18 Vgl. *Nederlands Economisch Instituut*, Production related infrastructure in the new German Länder and East Berlin with examples of Sachsen, Sachsen-Anhalt and Thüringen, Rotterdam 1994, S. 1.

Städten mit 20 000 bis 50 000 Einwohnern weit vor den Großstädten (drei Quadratmeter pro Einwohner). Fazit: Zwar erhalten - verglichen mit den Großstädten - nicht so viele kleinere Städte GA-Mittel. Der Umfang geförderter Gewerbeflächen in den kleinen und mittelgroßen Mittelstädten ist allerdings ein Beleg dafür, daß in sämtliche dieser Kommunen der größte Teil der Fördersummen geflossen ist.

Tabelle 12: Förderung der Bereitstellung von Gewerbeflächen auf dem Wege der Gemeinschaftsaufgabe "Verbesserung der regionalen Wirtschaftsstruktur", nach Gemeindegrößenklassen*

Größenklasse	Zahl der antwortenden Städte	Häufigkeit der Vergabe von GA-Mitteln		Umfang der Gewerbeflächen, die mit GA-Mitteln erschlossen wurden bzw. werden		
				Zahl der antwortenden Städte	Mittlere Spanne[1] von ... bis	
	abs.	abs.	%	abs.	ha	qm/EW
10 000-20 000	67	48	72	45	12-31	18
20 000-50 000	67	52	78	45	20-70	18
50 000-100 000	15	14	93	13	30-110	10
über 100 000	13	11	84	9	23-85	3
Insgesamt	162	125	77	112	17-57	16
						difu

*Quelle: Difu-Umfrage "Kommunale Wirtschaftsförderung 1993".

1 Mittlere Spanne: Jeweils 50 % der Angaben über den Flächenumfang liegen in den aufgeführten Spannen, so daß die unteren und oberen 25 % der jeweiligen Verteilung der angegebenen Gewerbeflächenwerte ("Ausreißer") ausgeklammert werden.

Vergleicht man die ostdeutschen Bundesländer untereinander (Tab. 13), so fallen zwei Ergebnisse ins Auge: In Mecklenburg-Vorpommern erhielten bzw. erhalten 90 Prozent der befragten Städte GA-Mittel zur Erschließung von Gewerbeflächen, was vergleichsweise die breiteste Streuung darstellt. Am anderen Ende der Skala steht das Land Sachsen, wo lediglich 69 Prozent der befragten Städte GA-Mittel in Anspruch nehmen. Allerdings ist hier der durchschnittliche Umfang erschlossener bzw. in der Erschließung befindlicher geförderter Gewerbeflächen mit 19 Quadratmetern pro Einwohner der befragten Städte am größten, während Mecklenburg-Vorpommern neben Sachsen-Anhalt (beide 14 Quadratmeter pro Einwohner) an letzter Stelle der fünf ostdeutschen Flächenstaaten rangiert. So betrachtet erscheinen die sächsischen Aktivitäten im Rahmen der GA "Verbesserung der regionalen Wirtschaftsstruktur" am effektivsten: Relativ konzentrierter Mitteleinsatz, verbunden mit dem höchsten Umfang erschlossener gewerblicher Areale, gemessen pro Kopf der Einwohner. Dagegen neigt man im nordöstlichsten Bundesland noch am stärksten zum "Gießkannenprinzip".

Tabelle 13: Förderung der Bereitstellung von Gewerbeflächen auf dem Wege der Gemeinschaftsaufgabe "Verbesserung der regionalen Wirtschaftsstruktur", nach Bundesländern*

| Bundesland | Zahl der antworten- den Städte | Häufigkeit der Vergabe von GA-Mitteln | | Umfang der Gewerbeflächen, die mit GA-Mitteln erschlossen wurden bzw. werden | | |
| | | | | Zahl der antwortenden Städte | Mittlere Spanne[1] von ... bis | |
	abs.	abs.	%	abs.	ha	qm/EW
Brandenburg	37	27	73	26	17-60	15
Mecklenburg-Vorpommern	22	20	90	18	16-61	14
Sachsen	51	35	69	29	14-76	19
Sachsen-Anhalt	28	23	82	20	19-57	14
Thüringen	24	20	83	19	20-55	15
Insgesamt	162	125	77	112	17-57	16
						difu

*Quelle: Difu-Umfrage "Kommunale Wirtschaftsförderung 1993".

1 Mittlere Spanne: Jeweils 50 % der Angaben über den Flächenumfang liegen in den aufgeführten Spannen, so daß die unteren und oberen 25 % der jeweiligen Verteilung der angegebenen Gewerbeflächenwerte ("Ausreißer") ausgeklammert werden.

6.4 Neuordnung der Eigentumsverhältnisse

Das aus dem Einigungsvertrag von 1990 hervorgegangene Prinzip Eigentumsrückgabe vor Entschädigung schränkt die ostdeutschen Kommunen erheblich darin ein, kurzfristig Flächen für eine gewerbliche Nutzung zu mobilisieren. In der DDR gab es ungefähr 5,3 Millionen volkseigene Grundstücke. In den zurückliegenden knapp vier Jahren haben Alteigentümer für eine riesige Zahl von Liegenschaften Rückübertragungsansprüche geltend gemacht. Ende 1993 lagen bei den Ämtern für offene Vermögensfragen in Ostdeutschland 2,17 Mio. private Restitutionsanträge vor. Der größte Anteil dieser Anträge entfiel auf Brandenburg (30 Prozent). In Thüringen und Sachsen-Anhalt wurde je etwa ein Fünftel der Anträge gestellt. Knapp 17 Prozent entfielen auf die sächsischen Ämter für offene Vermögensfragen und etwa sieben Prozent auf Berlin und Mecklenburg-Vorpommern. Von den gestellten Restitutionsanträgen war Ende 1993 knapp ein Drittel entschieden. Damit hat sich das Tempo deutlich erhöht: Wurde 1991 nur ein Prozent der Anträge entschieden, waren es Ende 1992 schon 13 Prozent. Die Erledigungsquote ist auch regional sehr unterschiedlich. Überdurchschnittlich viele Anträge sind bereits in Sachsen (41 Prozent der Anträge), Sachsen-Anhalt (40 Prozent) und Mecklenburg-Vorpommern (37 Prozent) entschieden worden. In Berlin liegt die Erledigungsquote im Durchschnitt, die anderen Bundesländer hinken weiter hinterher[19]. Mitunter stellen die Restitutionsverfahren erhebliche Barrieren für die wirtschaftliche Entwicklung dar. Die Antragsflut blockiert den gesamten Grundstücksverkehr, insbesondere die liegenschaftspolitischen Aktivitäten der Kommunen. Hat nämlich ein Alteigentümer Anspruch auf Eigentumsrückgabe erhoben, kann der Verfügungsberechtigte aufgrund einer Verfügungssperre nicht mehr frei über den Besitz verfügen; ein Grundstück kann nicht mehr veräußert werden.

Auch die Kommunen selbst erheben noch Ansprüche auf volkseigene Grundstücke. In der DDR wurden kommunale Liegenschaften in volkseigene Grundstücke umgewandelt und unterschiedlichen Trägern zugewiesen, was eine abschließende Klärung der Eigentumsverhältnisse erheblich erschwert. Mehr als 800 000 Grundstücke mußten Ende 1993 noch den jeweiligen Kommunen rechtskräftig zugesprochen werden. Da die Antragsfrist für die Rückübertragung an die Kommunen bis Ende 1995 verlängert werden soll und die Kommunen erst allmählich einen umfassenden Überblick über ihren ehemaligen Besitz gewonnen haben, ist mit weiteren Anträgen, sogar in doppelter Zahl, zu rechnen[20].

Der Gesetzgeber hat, da es unübersehbare "Bremsspuren" gibt, eingegriffen. Zunächst mit Hilfe des Vermögensgesetzes und des Investitionsgesetzes, dann - ab dem Sommer 1992 - mit dem Investitionsvorranggesetz (InVorG) soll(te) es möglich sein, investive Maßnahmen gegen Rückübertragungsansprüche auf dem Wege einer "Vorfahrtsregelung" erfolgreich durchzusetzen[21]: Die Verfügungssperre, ausgelöst durch den Antrag eines ehemaligen Eigentümers, kann nämlich durch einen sogenannten Investitionsvorrangbescheid aufgehoben werden, wenn in einem Verwaltungsverfahren attestiert wird, daß besondere Investitionszwecke vorliegen. Hierzu zählen auch die Sicherung und die Schaffung von Arbeitsplätzen, insbesondere durch die Errichtung oder Erhaltung einer gewerblichen Betriebsstätte. Das Verwaltungsverfahren zur Anwendung der "Vorfahrtsregelung" liegt in kommunalen Händen, sobald die Stadt im Grundbuch als Rechtsträgerin eingetragen ist, oder sie den Status einer örtlich zuständigen Behörde ein-

---

19 *iwd* vom 28.4.1994.
20 Vgl. ebenda.
21 Vgl. *Bundesministerium des Innern (Hrsg.)*, Erleichterungen von Gewerbeansiedlungen in den neuen Bundesländern. Bericht und Empfehlungen der Unabhängigen Kommission für Rechts- und Verwaltungsvereinfachung des Bundes, Bonn 1992, S. 51 ff. und 143 ff.

nimmt[22]. Dabei werden in den Kreisverwaltungen in der Regel die Verfahren der kreisangehörigen Städte und Gemeinden bearbeitet.

Insgesamt wurde von den Möglichkeiten des InVorG seitens der befragten Städte und Kreise reger Gebrauch gemacht: Mehr als 91 Prozent der Städte und fast 87 Prozent der Kreise haben zwischen Mitte 1992 und Mitte 1993 entsprechende Verwaltungsverfahren eingeleitet. Dabei steigt die Anwendungshäufigkeit mit zunehmender Stadt- bzw. Kreisgröße erwartungsgemäß an (Abb. 8). Während von den kleinen Mittelstädten (10 000 bis 20 000 Einwohner) knapp 85 Prozent das InVorG anwenden, tun es alle befragten Großstädte. Von den Kreisen mit weniger als 50 000 Einwohnern wenden es fast 85 Prozent an, ansteigend bis fast 93 Prozent bei Kreisen mit mehr als 100 000 Einwohnern.

Betrachtet man den Umfang der nach dem InVorG durch die Kommunen eingeleiteten Verfahren, so überrascht, wie stark dieser zwischen den Kommunen schwankt. Er reicht beispielsweise bei den Großstädten von weniger als zehn bis zu mehr als tausend Verfahren. Differenziert nach Größenklassen, steigt der durchschnittliche Umfang der eingeleiteten Verfahren bei den Städten steil an (Tab. 14). So melden zum Beispiel nur knapp 13 Prozent der kleinen Mittelstädte mehr als 20 Verfahren, bei den großen Mittelstädten (50 000 bis 100 000 Einwohner) sind es 50 Prozent der Befragten, bei den Großstädten rund 91 Prozent. Auffällig bei den kleinen Kreisen (unter 50 000 Einwohner) sowie den Kreisen mit 50 000 bis 100 000 Einwohnern ist, daß dort im betrachteten Zeitraum immerhin gut 57 Prozent bzw. mehr als 40 Prozent weniger als zehn Verfahren eingeleitet haben.

Die Datenstruktur der Städte belegt - was nicht verwundert -, daß der Problemdruck mit zunehmender Stadtgröße wächst, weil damit in der Regel die Zahl der Verfahren erheblich ansteigt. Daß es Landkreise gibt, in denen weniger als zehn Verfahren nach dem InVorG eingeleitet wurden - mit gut 44 Prozent ein immerhin hoher Anteil -, könnte eine Folge personeller Engpässe sein, auch sind "Berührungsängste" zwischen Kreisverwaltungen und kreisangehörigen Städten und Gemeinden nicht auszuschließen. Gestützt werden diese Überlegungen, wenn man die Zahl der Verfahren pro 10 000 Einwohner einbezieht. Sind es nämlich bei den Großstädten 7,4 Fälle pro 10 000 Einwohner, so sind es bei den Kreisen insgesamt lediglich 3,2 Verfahren.

---

22 Dies ist der Fall, wenn es sich beim Eigentümer eines Grundstücks innerhalb der Gemarkungsgrenzen einer Stadt um einen Privaten bzw. um ein privatisiertes Unternehmen handelt.

Abbildung 8: Häufigkeit der Einleitung von Verfahren nach dem Investitionsvorranggesetz, nach Gemeinde- und Kreisgrößenklassen, in %*

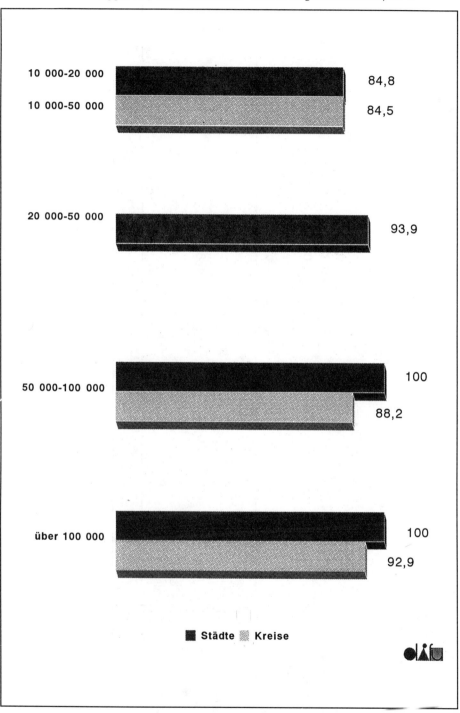

*Quelle: Difu-Umfrage "Kommunale Wirtschaftsförderung 1993".

Tabelle 14: Zahl der eingeleiteten Verfahren nach dem Investitionsvorranggesetz, nach Gemeinde- und Kreisgrößenklassen*

Größenklasse	Zahl der Antworten	bis 10 Verfahren		10-20 Verfahren		über 20 Verfahren		Zahl der Verfahren pro 10 000 EW
		abs.	%	abs.	%	abs.	%	
Städte								
10 000-20 000	47	35	74,4	6	12,8	6	12,8	6,7
20 000-50 000	55	12	21,8	15	27,3	28	50,9	8,7
50 000-100 000	12	3	25,0	3	25,0	6	50,0	6,0
über 100 000	11	1	9,1	-	-	10	90,9	7,4
Insgesamt	125	51	40,8	24	19,2	50	40,0	7,5
Kreise								
bis 50 000	47	27	57,4	12	25,5	8	17,1	3,1
50 000-100 000	52	21	40,4	16	30,8	15	28,8	3,4
über 100 000	12	1	8,3	5	41,7	6	50,0	2,3
Insgesamt	111	49	44,2	33	29,7	29	26,1	3,2

difu

*Quelle: Difu-Umfrage "Kommunale Wirtschaftsförderung 1993".

Zu bedenken ist der unterschiedliche Aufwand, den die Bearbeitung der Anträge erfordert. So gibt es auf Einzelgrundstücke beschränkt Investitionen und daneben komplexe Vorhaben, die sich über eine ganze Reihe von Grundstücken erstrecken können[23]. Generell klagen die Kommunen über Probleme im Umgang mit dem InVorG und stufen sie als beträchtlich ein[24]. Gleichwohl bleibt festzuhalten, daß das InVorG für die Kommunen ein wirkungsvolles Instrument zur Bereitstellung von Grundstücken für eine gewerbliche Nutzung bildet. Eine wichtige Erfolgsvoraussetzung ist allerdings, daß der zuständige Verwaltungsbereich über einen "schlagkräftigen" Bearbeiterstab verfügt[25].

6.5 Preise für erschlossenes Gewerbebauland

Beim Grundstücksverkehr mit Gewerbeflächen ist zu bedenken, daß

- "Gewerbeflächen in Konkurrenz zwischen den Gemeinden zu 'nicht marktgerechten' Preisen angeboten werden,
- in den Umlandgemeinden der Großstädte Gewerbeflächen über die Nachfrage hinaus ausreichend ausgewiesen werden,
- sich ein Preiswettbewerb über den Baulandmarkt allenfalls nur auf wenigen, für Betriebe besonders standortgünstigen Lagen abspielt"[26].

Diese Beobachtungen treffen auch für Strukturen und Entwicklungen auf dem ostdeutschen Baulandmarkt für Gewerbegrundstücke zu. Hinzu kommt, daß es in der DDR aufgrund rigider Regelungen durch staatliche Preisvorschriften überhaupt keinen Grundstücksmarkt gegeben hat; Grundstücke waren kein handelbares Gut. Demzufolge stand der Grundstücksmarkt in Ostdeutschland im Jahr 1990 vor einem völligen Neuanfang. Der starke Andrang von Investoren sowie deren große Entwicklungserwartungen führten im Verhältnis zum zunächst äußerst geringen Angebot an gewerblich rasch nutzbaren Grundstücken in einer ersten Entwicklungsphase zu einem hohen Preisniveau[27]. Sieht man einmal von den Kernstädten verdichteter Räume ab, wo die Bodenpreise als Folge eines nach wie vor knappen Angebotes baureifer Gewerbeflächen in der Regel immer noch erheblich über den landesweiten Durchschnittswerten liegen, dürfte sich das insgesamt

---

23 Beispielsweise erstreckte sich ein Vorhaben im Erfurter Innenstadtrandbereich über insgesamt 47 Flurstücke. Das Verwaltungsverfahren nahm fast ein Jahr in Anspruch, vgl. *Landeshauptstadt Erfurt, Amt für Wirtschaftsförderung*, Jahresgeschäftsbericht 1993, Erfurt 1994.
24 Vgl. *Bundesministerium des Innern (Hrsg.)*.
25 In Erfurt etwa wurde im Amt für Wirtschaftsförderung eigens eine Abteilung "Besondere Investitionen" eingerichtet.
26 *Bundesministerium für Raumordnung, Bauwesen und Städtebau (Hrsg.)*, S. 33.
27 Vgl. *Liegenschaftsgesellschaft der Treuhandanstalt mbH (TLG) (Hrsg.)*, Grundstücksmarktbericht 1993 Thüringen, Berlin 1993, S. 7.

deutlich ausgeweitete Angebot an erschlossenen Gewerbeflächen tendenziell beruhigend und stabilisierend auf die Bodenpreise auswirken.

Abbildung 9:   Gewerbebaulandpreise 1991 in ausgewählten deutschen Stadtregionen*

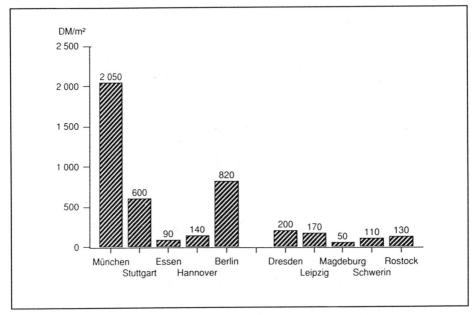

*Quelle: *Bundesministerium für Raumordnung, Bauwesen und Städtebau (Hrsg.)*, Baulandbericht 1993, Bonn 1993, S. 32.

Wie Abbildung 9 zeigt, liegen die Gewerbebaulandpreise in mehreren ostdeutschen Stadtregionen noch weit hinter den westdeutschen "Spitzenreitern" München und Stuttgart. Die Preise der Stadtregionen Dresden und Leipzig übertreffen allerdings deutlich die Preise in Hannover. Gewerbeflächen in Rostock sowie in Schwerin sind wesentlich teurer als in Essen.

Beide mecklenburgische Großstädte haben auch ein höheres Preisniveau bei gewerblichen Flächen als beispielsweise die Städte Münster, Dortmund und Duisburg[28]. Aus Jena, neben der Region Eisenach zweiter "Wachstumsmotor" in Thüringen, liegen Grundstückspreise für unerschlossenes Gelände zwischen 100 und 120 DM pro Quadratmeter vor[29].

Trotz einer sicherlich eingetretenen Marktberuhigung zeigen die Angaben der an der Difu-Umfrage beteiligten Städte und Kreise ein insgesamt recht hohes Preisniveau für erschlossene Gewerbeflächen von durchschnittlich 62 DM pro Quadrat-

---

28 Vgl. *Ministerium für Stadtentwicklung und Verkehr des Landes Nordrhein-Westfalen (Hrsg.)*, Mobilisierung gewerblicher Bauflächen. Abschlußbericht der interministeriellen Arbeitsgruppe, Düsseldorf 1992, Anlage 6.1.
29 Vgl. *DIP Deutsche Immobilien-Partner (Hrsg.)*, Markt & Fakten '93/94, Berlin u.a. 1993, S. 47 (Marktbericht der Deutschen Immobilien-Partner, Nr. IV).

meter in den Städten sowie 46 DM in den kreisangehörigen Kommunen (Tab. 15). Dabei sind die Preisspannen erheblich: Die Angaben der Städte reichen von acht bis 625 DM pro Quadratmeter; bei den Kreisen bewegen sie sich zwischen zehn und 210 DM pro Quadratmeter baureifer Gewerbefläche.

Tabelle 15: Preise für erschlossene Gewerbeflächen, nach Gemeinde- und Kreis-größenklassen*

Größenklasse	Zahl der Antworten	Durchschnittspreis DM/qm	Spannbreite von ... bis ... DM/qm
Städte			
10 000-20 000	55	54	14-150
20 000-50 000	52	55	8-150
50 000-100 000	12	55	25-80
über 100 000	11	144	35-625
Insgesamt	130	62	8-625
Kreise			
bis 50 000	60	37	10-100
50 000-100 000	62	47	15-180
über 100 000	13	76	20-210
Insgesamt	135	46	10-210
			difu

*Quelle: Difu-Umfrage "Kommunale Wirtschaftsförderung 1993".

Vergleicht man nun die durchschnittlichen Bodenpreise nach Gemeinde- bzw. Kreisgrößenklassen, ist ein deutlicher Zusammenhang zwischen steigender Einwohnerzahl und höheren Bodenpreisen erkennbar. Auffällig ist die enorme Preisdifferenz zwischen den Großstädten, mit durchschnittlich 144 DM pro Quadratmeter, und den restlichen Städten, mit einem Durchschnittspreis von rund 55 DM pro Quadratmeter. Auf der Kreisebene zeigt sich ein geringeres Gefälle zwischen Kommunen in einwohnerstarken und einwohnerschwachen Landkreisen. Auffällig sind des weiteren die allgemein großen Spannbreiten insbesondere bei den kleinen bzw. mittleren Mittelstädten (10 000 bis 20 000 bzw. 20 000 bis 50 000 Einwohner). Eine Ursache für die Preise bis 150 DM pro Quadratmeter ist die Situation in der Region Berlin, wo sich in unmittelbarer Nähe zur Hauptstadt in mehreren Städten auch als Folge des einsetzenden Suburbanisationsprozesses ein sehr hohes Preisniveau herausgebildet hat[30].

---

30 Vgl. auch *Dirk Klauke*, Der Speckgürtel läuft voll. Berlinferne Regionen haben Mühe, in: Der Tagesspiegel vom 24.6.1993.

Eine räumliche Differenzierung nach siedlungsstrukturellen Gebietstypen zeigt sowohl interregionale als auch innerregionale Unterschiede bei den Preisen für baureife Gewerbeflächen (Tab. 16): Erwartungsgemäß sind die Differenzen zwischen den ländlich geprägten Regionen (durchschnittlich 38 DM pro Quadratmeter), den Regionen mit Verdichtungsansätzen (51 DM pro Quadratmeter) und den Regionen mit großen Verdichtungsräumen (91 DM pro Quadratmeter) stark (siehe hierzu auch Karte 4).

Tabelle 16: Preise für erschlossene Gewerbeflächen, nach siedlungsstrukturellen Gebietstypen*

Gebietstyp	Zahl der Antworten	Durchschnittspreis DM/qm	Spannbreite von ... bis ... DM/qm
Regionen mit großen Verdichtungsräumen	47	91	35-625
Große Kernstädte	5	221	80-625
Hochverdichtete Kreise	13	72	35-100
Verdichtete Kreise	18	75	35-150
Ländliche Kreise	11	80	40-130
Regionen mit Verdichtungsansätzen	55	51	14-185
Kernstädte	7	86	50-185
Verdichtete Kreise	27	45	20-100
Ländliche Kreise	21	46	14-100
Ländlich geprägte Regionen	28	38	8-100
Verdichtete Kreise	10	41	25-65
Ländliche Kreise	18	33	8-75
Insgesamt	130	62	8-625
			difu

*Quelle: Difu-Umfrage "Kommunale Wirtschaftsförderung 1993".

Karte 4: Preise für erschlossene Gewerbeflächen*

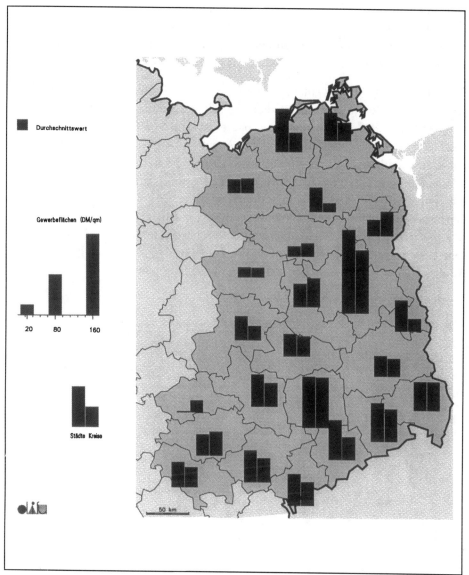

*Quelle: Difu-Umfrage "Kommunale Wirtschaftsförderung 1993".

Innerregional ist jeweils ein gravierendes Kernstadt-Umland-Gefälle zu beobachten. Besonders offensichtlich wird dies in den Regionen mit großen Verdichtungsräumen: Dort stehen nämlich durchschnittlichen Bodenpreisen von 221 DM pro Quadratmeter in den Zentren Preise von ungefähr 75 DM pro Quadratmeter in Umlandstädten gegenüber. Die mit 80 bzw. 46 DM pro Quadratmeter relativ hohen Preise für erschlossene Gewerbeflächen in den ländlichen "Randsäumen" der verdichteten Teilräume werden in dort liegenden zentralen Orten erzielt. In solchen, eher kleineren Städten werden die Bodenpreise nicht so sehr durch die Zahl der Einwohner als durch die lokale Bedeutung des Ortes sowie eine

Zahl der Einwohner als durch die lokale Bedeutung des Ortes sowie eine vergleichsweise gute Verkehrsanbindung beeinflußt. Allerdings gibt es in den ländlichen Räumen auch Kommunen, in denen erschlossene Gewerbeflächen für ungefähr zehn DM pro Quadratmeter angeboten werden. Mit solchen Preisen können die Erschließungskosten keinesfalls gedeckt werden.

Zwischenfazit: Sieht man einmal von den immer noch vorhandenen Flächenengpässen in einer Reihe von Großstädten ab, läßt sich für die ostdeutschen Kommunen feststellen, daß die Knappheit an baureifen Gewerbeflächen als preistreibendes Element aufgrund des ausgeweiteten Angebots bereits an Bedeutung verloren hat. Damit sind auch private Anbieter von Grund und Boden gezwungen, realistischere Preisvorstellungen zu entwickeln, da sie sonst auf ihren Flächen sitzenbleiben. All dies wird sich dämpfend auf das Niveau der Preise für erschlossenes Gewerbebauland auswirken. Gleichwohl dürfen die "Dumpingpreise" nicht übersehen werden, mit denen an vielen ungünstig gelegenen Standorten für erschlossene Gewerbegebiete geworben wird. Die zu beobachtenden Niedrigstpreise sind Ausdruck einer fehlerhaften kommunalen Entwicklungsplanung.

7. Investitionen und Investoren

7.1 Investitionsumfang

Nach einem anfänglichen Investitionsschub haben die Investitionen in den neuen Bundesländern 1993 geringer zugenommen. Sie beliefen sich dort für alle Wirtschaftsbereiche 1993 auf rund 142 Mrd. DM (Tab. 17). Das war knapp ein Fünftel mehr als im Vorjahr. 1992 lag das Wachstum dagegen bei über einem Drittel im Vergleich zum Vorjahr. Mit einer Wachstumsrate von etwa 40 Prozent und Gesamtinvestitionen von rund 46 Mrd. DM finden sich die Investitionen im Bereich der Dienstleistungen (einschließlich der Wohnungsvermietung) in herausgehobener Position. Auch das Baugewerbe steigerte seine Investitionstätigkeit überdurchschnittlich von 4,5 auf 6 Mrd. DM. Im Verarbeitenden Gewerbe waren die Investitionen dagegen rückläufig - die Anlageinvestitionen sanken von 24,3 auf 22,3 Mrd. DM -, desgleichen in den Bereichen Verkehr und Nachrichtenübermittlung, wo 1993 nur noch 21,9 Mrd. DM gegenüber 23,8 Mrd. DM im Vorjahr investiert wurden. Die Schwerpunkte der industriellen Investitionstätigkeit - mit knapp zwei Dritteln der gesamten Investitionen - lagen in den Bereichen Steine/Erden, Chemie, Maschinenbau, Elektrotechnik und Nahrungsmittel. Für das Jahr 1994 wird eine weitere Abschwächung des Investitionswachstums erwartet[1].

Die Investitionen je Beschäftigten lagen im ostdeutschen Verarbeitenden Gewerbe 1993 bei 28 700 DM. Während private Unternehmen durchschnittlich 33 000 DM investierten, waren es seitens der Treuhandunternehmen nur rund 16 000 DM. Besonders hoch waren die Investitionen bei Unternehmen von westdeutschen oder ausländischen Eignern (47 000 DM) und von Unternehmen, die nach 1989 gegründet wurden (52 000 DM)[2].

---

1   Nach Angaben der Investitionsrechnung Ost des Ifo-Instituts für Wirtschaftsforschung, in: *Handelsblatt* vom 23.2.1994.
2   Vgl. *DIW Wochenbericht*, H. 15 (1994).

Tabelle 17: Investitionen in den neuen Bundesländern, nach Wirtschaftsberei-
chen 1991-1993*

Wirtschaftsbereich	Mrd. DM			Anteile in %		
	1991	1992	1993	1991	1992	1993
Land- und Forstwirtschaft	1,5	1,4	1,5	1,7	1,2	1,1
Produzierendes Gewerbe	29,7	37,2	42,3	33,6	31,3	29,8
darunter:						
Energie/Wasser, Bergbau	8,9	10,4	12,0	10,1	8,7	8,5
Verarbeitendes Gewerbe	17,2	22,3	24,3	19,4	18,7	17,1
Baugewerbe	3,6	4,5	6,0	4,1	3,8	4,2
Handel	4,4	5,2	5,2	5,0	4,4	3,7
Verkehr, Nachrichtenüber-						
mittlung	16,2	21,9	23,8	18,3	18,4	16,8
Dienstleistungsunterneh-						
men	22,4	32,8	46,2	25,3	27,6	32,5
darunter:						
Wohnungsbau	15,0	23,0	33,0	17,0	19,3	23,2
Unternehmen insgesamt	74,2	98,5	119,0	83,8	82,8	83,8
Staat, Organisationen						
ohne Erwerbszweck	14,3	20,5	23,0	16,2	17,2	16,2
Alle Wirtschaftsbereiche	88,5	119,0	142,0	100,0	100,0	100,0

*Quelle: BT-Drs. 12/6776.

Gerade kleinere und mittlere Unternehmen sind von besonderer Bedeutung für
die wirtschaftliche Entwicklung in Ostdeutschland. Obwohl die Entwicklung des
industriellen Mittelstands in Ostdeutschland durch die bisher geringe Ansiedlung
von Großunternehmen als Kunden, ferner durch Schwierigkeiten beim Marktein-
tritt sowie einer Reihe allgemeiner Tendenzen der Wirtschaftsentwicklung[3] be-
hindert wird, sind etwa 45 Prozent der Beschäftigten im Verarbeitenden Gewerbe
in mittelständischen Industrieunternehmen tätig. Die Investitionen je Beschäftigten liegen in den kleinen Unternehmen (bis 20 Beschäftigte) deutlich über dem
Durchschnitt[4].

---

3 Zu nennen sind neue Modelle der Arbeitsteilung, veränderte Zulieferstrukturen,
   Flexibilisierung der Großproduktion in der Industrie, "global sourcing", Verlust der
   Bedeutung lokaler Märkte, rezessionsbedingte Nachfrageschwäche usw.
4 Vgl. DIW Wochenbericht, H. 20 (1994), S. 321-328.

7.2 Sektorale Herkunft von Investoren und angesiedelten Unternehmen

Die Ergebnisse der Umfrage zur kommunalen Wirtschaftsförderung in den Städten und Landkreisen Ostdeutschlands entsprechen in etwa dem Bild der "Investitionsrechnung Ost". Wertet man die Investoren und Unternehmen hinsichtlich der Wirtschaftssektoren aus (Abb. 10), fällt in den Städten und Kreisen - weitgehend unabhängig von der Einwohnergröße und der großräumlichen Lage - der erwartungsgemäß hohe Anteil des Handels auf (durchschnittlich 30 Prozent der Investoren und Unternehmen)[5]. In den neuen Bundesländern haben sich die Handelsstrukturen seit 1990 gänzlich gewandelt, verwiesen sei an dieser Stelle nur auf den Boom großflächiger Einzelhandelseinrichtungen. Einzig in den Städten Thüringens liegt der Anteil der Investoren aus dem Handel unter dem Städte-Durchschnitt in den neuen Bundesländern (Tab. 18). Bei den Kreisen liegt der Anteil in Thüringen und Sachsen geringfügig unter dem Durchschnitt der Kreise. Da der Ausbau insbesondere im großflächigen Einzelhandel in vielen Regionen den künftigen Bedarf häufig deutlich übersteigt, ist in diesem Bereich mittelfristig mit einer Konsolidierung zu rechnen. Ganz wesentlich wird dies von der Entwicklung der Kaufkraft in der jeweiligen Region abhängen.

Abbildung 10: Sektorale Herkunft der Investoren und Unternehmen in den Städten und Kreisen*

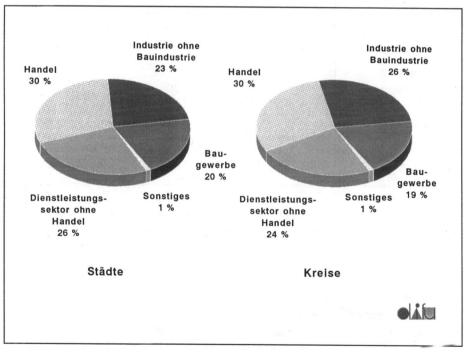

*Quelle: Difu-Umfrage "Kommunale Wirtschaftsförderung 1993".

5   Aussagen zum Investitionsumfang sind nicht möglich.

Ähnlich auffällig wie beim Handel ist der hohe Anteil von Investoren aus dem Dienstleistungssektor. Im Durchschnitt der Städte liegt der Anteil bei 26 Prozent, in den Kreisen bei 24 Prozent. In der überwiegenden Zahl der Fälle wird es sich dabei um konsumentenorientierte Dienstleistungen handeln. Die Dienstleistungsstrukturen sind in diesem Bereich noch nicht gefestigt. Dafür ist insbesondere die unsichere Einkommensentwicklung der Haushalte verantwortlich.

Tabelle 18: Sektorale Herkunft der Investoren und Unternehmen in den Städten und Kreisen, nach Bundesländern, in %*

Bundesland	Anteil der Wirtschaftssektoren				
	Bauge-werbe	Industrie ohne Bauindustrie	Handel	Dienstleistungs-sektor ohne Handel	Sonsti-ges
Städte (n = 132)					
Brandenburg	20	21	32	27	-
Mecklenburg-Vorpommern	19	23	31	27	-
Sachsen	22	21	32	25	-
Sachsen-Anhalt	23	20	30	27	-
Thüringen	19	31	22	27	1
Insgesamt	21	23	30	26	1
Kreise (n = 121)					
Brandenburg	18	31	31	20	1
Mecklenburg-Vorpommern	17	22	30	31	-
Sachsen	21	31	28	20	-
Sachsen-Anhalt	21	17	34	28	-
Thüringen	19	30	27	23	-
Insgesamt	19	27	30	24	-
					difu

*Quelle: Difu-Umfrage "Kommunale Wirtschaftsförderung 1993".

Einhergehend mit dem Aufbrechen der industriellen Großstrukturen ist auch eine Reihe unternehmensorientierter technischer Dienstleistungen und Beratungsdienstleistungen wie Steuer-, Rechts-, Unternehmensberatung neu entstanden. Dabei fällt hinsichtlich des Dienstleistungssektors sein deutlich höherer Anteil in den Städten mit 100 000 und mehr Einwohnern (39 Prozent) auf (Tab. 19). Investoren aus Westdeutschland greifen aber ebenso wie bei Zulieferern auch bei Dienstleistern häufig auf bewährte Unternehmenskontakte aus den alten Bundesländern zurück, so daß sich eine gut vernetzte Struktur zwischen Unternehmen und unternehmensorientierten Dienstleistern nur schwer entwickelt. Bei den unternehmensorientierten Dienstleistungen hat sich zwar die Zahl der Selbständigen gegenüber 1990 etwa vervierfacht, dennoch sollten die Potentiale in diesem Bereich nicht überschätzt werden. Der geringe Industriebesatz setzt auch der Dienstleistungsentwicklung Grenzen[6].

Tabelle 19: Sektorale Herkunft der Investoren und Unternehmen in den Städten und Kreisen, nach Gemeinde- bzw. Kreisgrößenklassen, in %*

Größenklasse	Anteil der Wirtschaftssektoren				
	Baugewerbe	Industrie ohne Bauindustrie	Handel	Dienstleistungssektor ohne Handel	Sonstiges
Städte (n = 132)					
10 000-20 000	20	25	31	23	1
20 000-50 000	22	22	28	28	-
50 000-100 000	22	21	32	25	-
über 100 000	12	19	30	39	-
Insgesamt	21	23	30	26	1
Kreise (n = 121)					
bis 50 000	17	28	29	26	-
50 000-100 000	20	25	32	22	1
über 100 000	27	27	24	22	-
Insgesamt	19	27	30	24	1
					difu

*Quelle: Difu-Umfrage "Kommunale Wirtschaftsförderung 1993".

Unerwartet hoch (mit 23 Prozent bei den Städten und 27 Prozent bei den Kreisen) ist der Anteil von industriellen Investoren. Insbesondere fällt der Wert für Thüringen auf (31 Prozent). Hier wirken sich der günstige Standort im "Wachstumsband" entlang der BAB 4, die guten Verkehrsverbindungen und Absatzmärkte und die industrielle Tradition der Standorte positiv aus. Aus Expertengesprächen geht hervor, daß sich der Anteil industrieller Investoren gegenüber dem Umfragezeitpunkt Mitte 1993 weiter zugunsten des Dienstleistungssektors verschoben hat.

Entsprechend den Ergebnissen der Difu-Umfrage "Kommunale Wirtschaftsförderung 1993" stellt das Baugewerbe in den Städten und Kreisen etwa ein Fünftel der Investoren. Bei den Kreisen ist deren Anteil in den bevölkerungsstarken Gebieten,

---

6 Eine Ausnahme ist der Bereich der Weiterbildung. Das Beschäftigungswachstum in diesem Bereich hängt ursächlich mit dem Beschäftigungsabbau im Verarbeitenden Gewerbe zusammen (vgl. *DIW Wochenbericht*, H. 31 [1994], S. 543).

d.h. in den Umlandbereichen der Verdichtungskerne, besonders hoch (27 Prozent). Die Bauinvestitionen in Ostdeutschland (einschließlich Ost-Berlin) beliefen sich 1993 auf 4222 DM je Einwohner (Tab. 20). Dabei entfielen die höchsten Investitionen auf Ost-Berlin und Sachsen-Anhalt. Für die kommenden Jahre (bis 1997) wird mit Bauinvestitionen von jährlich rund 5100 DM je Einwohner gerechnet.

Tabelle 20: Bauinvestitionen je Einwohner in den neuen Bundesländern 1991-1993, in DM-Preisen von 1991*

Bundesland	1991	1992	1993	1993-1997[1]
Berlin (Ost)	2 897	4 357	5 064	6 589
Brandenburg	2 498	3 696	4 353	5 145
Mecklenburg-Vorpommern	2 788	3 961	4 460	5 117
Sachsen	2 511	3 135	3 662	4 457
Sachsen-Anhalt	2 925	4 214	4 875	6 890
Thüringen	2 438	3 250	3 794	4 674
Insgesamt	2 708	3 636	4 222	5 113
				difu

*Quelle: BT-Drs. 12/6776, S. 6; *Handelsblatt* vom 16.3.1994.

1 Jährlicher Durchschnittswert.

Verglichen mit der sektoralen Struktur der Investitionen in Westdeutschland liegen hier die "Schwerpunkte der Investitionstätigkeit"[7] in den Bereichen Baugewerbe, Energie- und Wasserversorgung, Bergbau, Verkehr und Nachrichtenübermittlung, also vor allem in den öffentlich alimentierten Bereichen und in den Bereichen, die von Aufträgen im Rahmen öffentlicher Infrastrukturvorleistungen profitieren, sowie bei direkten öffentlichen Investitionen. Geringere Investitionsanteile als in Westdeutschland zeigen sich dagegen in der Land- und Forstwirtschaft, bei Handel- und Dienstleistungsunternehmen und in der Industrie. Damit wird deutlich, daß die Entwicklung des Dienstleistungssektors nicht abgekoppelt von der industriellen Entwicklung zu betrachten ist. Fehlende Investitionen im Verarbeitenden Gewerbe ziehen notwendigerweise Investitionsrückstände im Bereich der unternehmensorientierten Dienstleistungen nach sich. Ob es sich in Ostdeutschland um einen andauernden Rückgang der Industrialisierung handelt oder bereits um die "schlankeren" Industriestrukturen (bisher allerdings in sehr ausgeprägter Form), die auch in Westdeutschland notwendig sind, um im internationalen Wettbewerb mithalten zu können, ist zur Zeit kaum zu beantworten.

---

7   Vgl. BT-Drs. 12/6776 vom 4.2.1994.

7.3 Räumliche Herkunft von Investoren und angesiedelten Unternehmen

Investoren und Unternehmen, die sich in den neuen Bundesländern engagieren, stammen zu etwa gleichen Teilen aus Ost- und Westdeutschland (Abb. 11). Der Anteil ausländischer Investoren ist sehr gering, dennoch sind mit deren Engagement zum Teil erhebliche Investitionen und Beschäftigungszusagen verbunden. So betragen die Investitionszusagen ausländischer Investoren gegenüber der Treuhandanstalt beispielsweise knapp 20 Mrd. DM, verbunden mit Beschäftigungszusagen von knapp 150 000 Arbeitsplätzen. Es handelt sich damit um knapp sechs Prozent der Treuhand-Privatisierungen und um rund zehn Prozent der Investitionszusagen und knapp zehn Prozent der Beschäftigungszusagen gegenüber der Treuhandanstalt[8].

Abbildung 11: Räumliche Herkunft der Investoren und Unternehmen in den Städten und Kreisen*

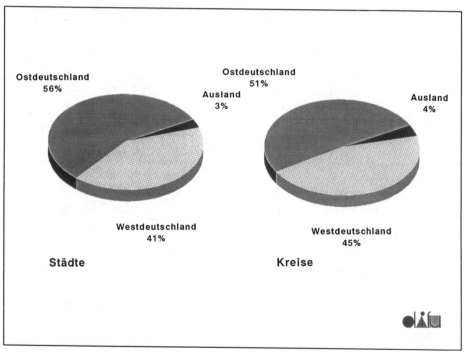

*Quelle: Difu-Umfrage "Kommunale Wirtschaftsförderung 1993".

Die unterschiedlichen Standortqualitäten der einzelnen Bundesländer mit ihren Raum- und Marktstrukturen wirken sich auch in der Zusammensetzung der Investoren aus. Zwischen den Bundesländern ergeben sich zum Teil auffällige Unterschiede bei der räumlichen Herkunft der Investoren (Tab. 22). Während beispielsweise in den Städten Mecklenburg-Vorpommerns der weit überwiegende

8   *Treuhand Information* vom 20.1.1994; *Der Tagesspiegel* vom 11.2.1994.

Teil (71 Prozent) der Investoren aus Ostdeutschland stammt, halten sich die Anteile in den Städten Thüringens genau die Waage. Der Anteil westdeutscher Investoren ist in den Städten der traditionell eher industriell geprägten Bundesländer besonders hoch (vor allem in Thüringen mit 49 Prozent), in den Städten des eher ländlich geprägten Mecklenburg-Vorpommern dagegen besonders niedrig (28 Prozent).

Tabelle 21: Engagement ausländischer Investoren in den neuen Bundesländern*

Land	Privatisierungen		Investitionszusagen Mio. DM		Beschäftigungs- zusagen	
	abs.	%	abs.	%	abs.	%
Dänemark	25	3,1	545	2,7	3 158	2,2
Frankreich	86	10,7	5 424	27,2	25 331	17,6
Großbritannien	124	15,4	2 098	10,5	16 888	11,7
Italien	36	4,5	648	3,3	4 790	3,3
Kanada	10	1,2	1 848	9,3	16 712	11,6
Luxemburg	11	1,4	406	2,0	2 108	1,5
Niederlande	85	10,6	1 168	5,9	9 600	6,7
Österreich	101	12,5	1 002	5,0	16 090	11,2
Schweiz	127	15,7	1 143	5,7	17 796	12,3
USA	74	9,2	2 936	14,7	12 753	8,8
Sonstige	127	15,7	2 741	13,7	18 869	13,1
Insgesamt	806	100	19 959	100	144 095	100
						difu

*Quelle: *Treuhand Information* vom 20.1.1994 sowie Berechnungen des Deutschen Instituts für Urbanistik.

Bei den Kreisen ergibt sich ein deutliches Abweichen Brandenburgs in der Investorenstruktur: Während in den Kreisen der anderen Bundesländer der Anteil ostdeutscher Investoren überwiegt, dominieren in Brandenburg die westdeutschen (54 Prozent), und auch der Anteil ausländischer Investoren ist dort (geringfügig) höher (fünf Prozent). Dies ist im wesentlichen auf die Entwicklung im Berliner Raum, als Hauptansiedlungsraum in Brandenburg, zurückzuführen. Bei den ausländischen Unternehmen gibt es zum Teil auffällige räumliche Konzentrationen, so beispielsweise von skandinavischen Investoren in Mecklenburg-Vorpommern. Für ausländische Investoren haben ostdeutsche Unternehmensstandorte häufig "Türöffner"-Funktion zu den Märkten der Europäischen Union oder nach Mittel- und Osteuropa. Als strategische Standorte für das Osteuropa-Geschäft stehen die ostdeutschen Regionen aber in einem harten Wettbewerb mit den osteuropäischen Vorzugsräumen (Prag, Budapest usw.).

Tabelle 22: Räumliche Herkunft der Investoren und Unternehmen in den Städten und Kreisen, nach Bundesländern, in %*

Bundesland	Anteil nach räumlicher Herkunft		
	Ost-deutschland	West-deutschland	Ausland
Städte (n = 130)			
Brandenburg	52	45	3
Mecklenburg-Vorpommern	71	28	1
Sachsen	56	40	4
Sachsen-Anhalt	55	41	4
Thüringen	49	49	2
Insgesamt	56	41	3
Kreise (n = 131)			
Brandenburg	41	54	5
Mecklenburg-Vorpommern	55	41	4
Sachsen	52	44	4
Sachsen-Anhalt	57	42	2
Thüringen	51	46	3
Insgesamt	51	45	4
			difu

*Quelle: Difu-Umfrage "Kommunale Wirtschaftsförderung 1993".

8. Der Einsatz weiterer Instrumente der Wirtschaftsförderung

Die Planung und Erschließung von gewerblichen Bauflächen ist zwar eine unabdingbare Voraussetzung für die wirtschaftliche Entwicklung, gleichwohl reicht die bloße Bereitstellung baureifer Gewerbeflächen nicht aus, um unternehmerische Aktivitäten anzustoßen. Angesichts der nach wie vor schwierigen wirtschaftlichen Situation trifft dies für Ostdeutschland in verstärktem Maß zu. Um die vielerorts noch ungenügenden Rahmenbedingungen für wirtschaftliches Handeln zu verbessern, wird eine ganze Reihe weiterer Instrumente kommunaler Wirtschaftsförderung eingesetzt.

8.1 Standortwerbung

Bei der Vermarktung des erschlossenen Gewerbebaulands spielt bei der Mehrzahl der ostdeutschen Kommunen die Absicht, ortsfremde Investoren für eine Ansiedlung in der jeweiligen Stadt bzw. im eigenen Kreisgebiet zu gewinnen, eine ganz wesentliche Rolle. Vielfach lassen die kommunalen Akteure bei ihren Akquisitionsbemühungen das bundesweit geringe Ansiedlungspotential außer acht. Im Rahmen der Bestrebungen, neue Firmen anzusiedeln, halten die ostdeutschen Wirtschaftsförderer die Standortwerbung für eine unverzichtbare Maßnahme. Knapp 93 Prozent der an der Difu-Umfrage beteiligten Städte und fast 97 Prozent der Kreise haben Maßnahmen zur Standortwerbung durchgeführt. Ganz überwiegend werden Werbeaktivitäten offensiv entwickelt, denn lediglich ein geringer Teil der Kommunen unterbreitet seine Standortangebote nur auf eine Anforderung bzw. Nachfrage. Dies trifft für gut zehn Prozent der Städte und knapp zehn Prozent der Kreise zu. Die vorliegenden Ergebnisse lassen den Schluß zu, daß sich die Handlungsträger in ostdeutschen Kommunen sehr stark am Vorgehen westdeutscher Wirtschaftsförderer orientiert haben, wo bislang die große Mehrzahl der Städte (rund 83 Prozent) gleichfalls auf entsprechende Werbemaßnahmen gesetzt hat[1].

---

1 Vgl. *Heuer*, S. 81.

Die kommunalen Aktivitäten zur Standortwerbung ergeben, nach Maßnahmenbereichen gegliedert, folgendes Bild (Abb. 12): Die Verbreitung von Werbebroschüren sowie Anzeigen in Zeitungen und Fachzeitschriften gehören zum Standardrepertoire kommunaler Öffentlichkeitsarbeit. Vor allem gelten Werbebroschüren offensichtlich als Pflichtaufgabe, denn 82 Prozent der Städte und knapp 97 Prozent der Kreise haben sie bereitgestellt und vertrieben. Weniger verbreitet ist hingegen bislang die kommunale Präsentation auf Messen; entsprechene Aktivitäten gaben lediglich knapp 15 Prozent der befragten Städte bzw. rund 29 Prozent der Kreise an. Erstaunlich hoch ist indes der Umfang kommunaler Maßnahmen im Bereich der direkten Wirtschaftswerbung, also der gezielten Kontaktaufnahme zu einzelnen Unternehmen: Sie geht von der Überlegung aus, bei künftigen Standortentscheidungen einbezogen zu werden. Mehr als 80 Prozent der an der Umfrage beteiligten Wirtschaftsförderer führten diese im Vergleich mit allgemeinen Werbemaßnahmen wesentlich aufwendigere Form der Standortwerbung an. Eine Befragung westdeutscher Kommunen[2] ergab, daß dort - im Laufe der 80er Jahre - weniger als die Hälfte der befragten Akteure Direktwerbung durchgeführt hat. Die vergleichsweise häufigeren Aktivitäten ostdeutscher kommunaler Wirtschaftsförderer dürften auf der Erkenntnis basieren, daß direkte Wirtschaftswerbung eher zu Erfolgen führt als die vielfach mit erheblichen Streuverlusten verbundene Versendung von Werbebroschüren sowie die Schaltung von Anzeigen in Zeitungen und Fachzeitschriften. Über die beschriebenen Maßnahmen hinaus geben einzelne Kommunen die Erstellung von Gewerbegebietsatlanten, die Beteiligung an überregionalen Datenbanken, die Zusammenarbeit mit den Wirtschaftsförderungsgesellschaften der Länder sowie die Durchführung von Investorenkonferenzen an.

Eine Gegenüberstellung der Städte und Kreise nach Größenklassen hinsichtlich deren Aktivitäten bei der Standortwerbung zeigt, daß ein Zusammenhang zwischen zunehmender Häufigkeit von Maßnahmen der allgemeinen Standortwerbung und der steigenden Stadt- bzw. Kreisgröße besteht (Tab. 23). Auffällig ist etwa die Zunahme der Schaltung von Zeitungsanzeigen. Während nur etwas mehr als die Hälfte der befragten mittleren und großen Mittelstädte Anzeigen schalten, tun dies fast 77 Prozent der beteiligten ostdeutschen Großstädte. Besonders fällt die erheblich steigende Messebeteiligung bei zunehmender Stadtgröße auf: Nicht einmal zwei Prozent der kleinen Mittelstädte (Größenklasse 10 000 bis 20 000 Einwohner) machen von der Möglichkeit Gebrauch, sich auf einer Messe zu präsentieren. Hingegen tun dies mehr als ein Viertel der großen Mittelstädte (Größenklasse 50 000 bis 100 000 Einwohner) und mehr als 46 Prozent der Großstädte. Bei den Kreisen ist bei insgesamt geringerer Messebeteiligung ein leichter Anstieg mit zunehmender Kreisgröße zu beobachten. Tendenziell gleiche Entwicklungen zeigten sich in der alten Bundesrepublik in den 80er Jahren, wo-

---

2 Vgl. ebenda, S. 87.

bei indessen die westdeutschen Städte insgesamt häufiger an Messen und Ausstellungen teilnahmen[3].

Abbildung 12: Kommunale Aktivitäten in der Standortwerbung, nach Städten und Kreisen, Häufigkeit der Nennungen in %*

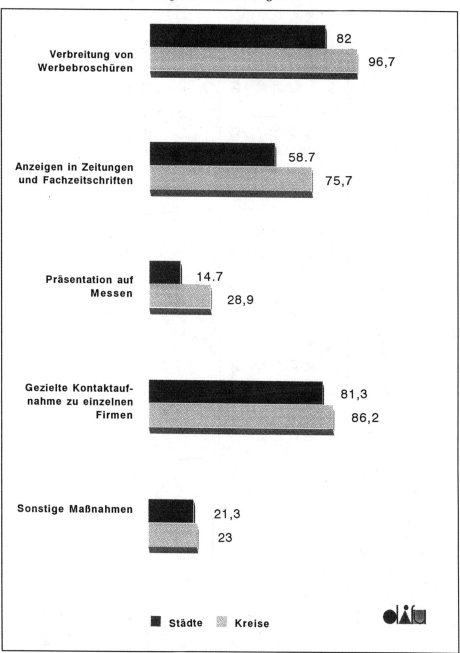

Verbreitung von Werbebroschüren
- Städte: 82
- Kreise: 96,7

Anzeigen in Zeitungen und Fachzeitschriften
- Städte: 58.7
- Kreise: 75,7

Präsentation auf Messen
- Städte: 14.7
- Kreise: 28,9

Gezielte Kontaktaufnahme zu einzelnen Firmen
- Städte: 81,3
- Kreise: 86,2

Sonstige Maßnahmen
- Städte: 21,3
- Kreise: 23

■ Städte ▨ Kreise

*Quelle: Difu-Umfrage "Kommunale Wirtschaftsförderung 1993".

3 Vgl. ebenda, S. 81.

Tabelle 23: Kommunale Aktivitäten in der Standortwerbung, Häufigkeiten[1] nach Gemeinde- bzw. Kreisgrößenklassen*

Größenklasse	Zahl der Antworten		Werbebroschüren		Zeitungsanzeigen		Präsentation auf Messen		Gezielte Kontaktaufnahme zu einzelnen Firmen		Sonstige Maßnahmen	
	abs.		abs.	%	abs.	%	abs.	%	abs.	%	abs.	%
Städte												
10 000-20 000	59		48	81,4	36	61,0	1	1,7	47	79,7	15	25,4
20 000-50 000	63		49	77,8	34	54,0	11	17,5	52	82,5	13	20,6
50 000-100 000	15		15	100,0	8	53,3	4	26,7	13	86,7	2	13,3
über 100 000	13		11	84,6	10	76,9	6	46,2	10	76,9	2	15,4
Insgesamt	150		123	82,0	88	58,7	22	14,7	122	81,3	32	21,3
Kreise												
bis 50 000	70		66	94,3	49	70,0	15	21,4	61	87,1	23	32,8
50 000-100 000	67		66	98,5	54	80,6	24	35,8	61	91,0	9	13,4
über 100 000	15		15	100,0	12	80,0	5	33,3	9	60,0	3	20,0
Insgesamt	152		147	96,7	115	75,7	44	28,9	131	86,2	35	23,0

difu

*Quelle: Difu-Umfrage "Kommunale Wirtschaftsförderung 1993".

1 Mehrfachnennungen.

Vor allem wird die Wirksamkeit von Maßnahmen der allgemeinen Standortwer-bung kritisch eingeschätzt: "Die Verbreitung von allgemeinen Informationsmate-rialien in Form von Faltblättern und Werbebroschüren kann als die unergiebigste Form der Wirtschaftswerbung bezeichnet werden. Obwohl diese Erkenntnis in-zwischen ebenso weit verbreitet ist wie die Werbung selbst, gehört dieses Tätig-keitsfeld offenbar so sehr zum 'Alltagsgeschäft' der Kommunen, daß es schwer-fällt, aus innerer Einsicht darauf zu verzichten."[4]

Eine Ende 1993 durchgeführte Untersuchung über Erfahrungen ost- und westdeut-scher kommunaler Einrichtungen zur Wirtschaftsförderung mit Anzeigen in Zei-tungen und Fachzeitschriften im Zeitraum 1991 bis 1993 gelangt ebenfalls zu un-günstigen Ergebnissen[5]. Von 675 Anzeigenaktionen führten lediglich 30 zu ei-nem ablesbaren Erfolg in Form einer Firmenansiedlung bzw. eines Verkaufes von Gewerbebauland. Unpräzise Werbebotschaften und eine geringe Sorgfalt bei der Definition der Zielgruppen zogen erhebliche Streuverluste nach sich.

Auch die kommunalen Wirtschaftsförderer selbst waren und sind offenbar von Maßnahmen der allgemeinen Standortwerbung nicht unbedingt überzeugt. In den 80er Jahren befragte Verantwortliche in Städten der alten Bundesländer waren überwiegend der Ansicht, ihre Werbeaktivitäten würden erfolglos bleiben[6]. Ge-spräche im Rahmen des Difu-Projekts "Kommunale Wirtschaftsförderung in Ost-deutschland" mit Zuständigen für die Wirtschaftsförderung in ostdeutschen Städ-ten bestätigen die Einschätzungen; der Tenor auch hier: Allgemeine Werbemaß-nahmen bringen zwar kaum etwas ein, aber man hält an ihnen fest, um "nichts zu verpassen".

8.2 Betreuung von ortsansässigen Firmen und Existenzgründern

Das Potential an Unternehmen, die neu ansiedeln wollen, ist überall in Deutsch-land gering. Besonders gilt dies für Betriebe des Verarbeitenden Gewerbes; spek-takuläre Firmenansiedlungen waren bislang auch in Ostdeutschland eher die Ausnahme. Es spricht vieles dafür, daß dies auch künftig so bleiben wird. Deutschlandweit sind im Jahr 1993 durch Neuansiedlungen weniger als 50 000 neue Arbeitsplätze entstanden. Demgegenüber kann man davon ausgehen, daß durch die Erweiterung bereits bestehender Firmen jährlich ungefähr 800 000 Ar-beitsplätze entstehen. Hinzu kommen etwa 300 000 weitere neue Arbeitsplätze aufgrund von Existenzgründungen[7].

---

4 Ebenda, S. 81.
5 Vgl. *Manfred Steinröx*, Medientest Wirtschaftsförderung. Auswertung von 35 Werbe-kampagnen zur Wirtschaftsförderung aus den Jahren 1991-1993. Text- und Bildanzei-gen in Zeitungen und Zeitschriften, Hamburg 1993.
6 Vgl. *Heuer*, S. 85.
7 Vgl. *Manfred Steinröx*, Erfüllt die Wirtschaftsförderung die an sie gestellten Erwartun-gen?, in: Niedersächsischer Städtetag, H. 3 (1994), S. 58.

Diese Zahlen sind an sich ein deutlicher Hinweis für die Kommunen, wo die Prioritäten und die notwendigen gewerbepolitischen Strategien liegen sollten: Eine gründliche Betreuung der ansässigen Unternehmen sowie der Existenzgründer sollte eines der zentralen Aufgabenfelder kommunaler Wirtschaftsförderung sein. Nur durch laufende Firmenbetreuung erhalten die Zuständigen im Rathaus Informationen über vorhandene bzw. abzusehende Schwierigkeiten ihrer unternehmerischen "Kundschaft". Umgekehrt schaffen möglichst enge Kontakte zwischen der kommunalen Wirtschaftsförderung und den Betrieben Vertrauen und Offenheit bei den verantwortlichen Firmenvertretern. Dies ist überhaupt die Grundlage für die Bereitschaft der Firmen, ihre Probleme mit Externen zu erörtern. Gravierende Probleme können sich beispielsweise im Zusammenhang mit geplanten Investitionen und räumlichen Erweiterungen am alten Betriebsstandort ergeben oder wenn eine Betriebsverlagerung notwendig wird.

Das wichtigste Instrument für die kommunalen Akteure, um sich mit den örtlichen Firmen auszutauschen und sich über sie Informationen zu beschaffen, sind gut vorbereitete, regelmäßige Betriebsbesuche. Diese Art der Kontaktpflege zu ansässigen Firmen betreiben immerhin 84 Prozent der befragten ostdeutschen Städte und sogar mehr als 94 Prozent der Kreise (Tab. 24) und signalisieren damit eine aktive Gesprächsbereitschaft gegenüber den Unternehmen[8].

Neben den Betriebsbesuchen spielt der Erfahrungsaustausch der Verwaltungen mit Unternehmergruppen in Form von regelmäßig stattfindenden Gesprächsrunden (beispielsweise gemischte Arbeitsgruppen, Unternehmer-Stammtische) eine nicht zu unterschätzende Rolle. Solche Gesprächsrunden bieten "die Chance, daß die Unternehmer nicht nur ihre Probleme identifizieren, sondern auch praxisnahe Lösungsmöglichkeiten entwickeln, die von der Wirtschaftsförderung aufgegriffen und unterstützt werden können. Auch kann in einer solchen Gruppe sichtbar werden, daß mehrere Unternehmen ähnliche Probleme haben, so daß die Wirtschaftsförderung dafür eine gemeinsame, rationellere Lösung suchen kann"[9]. Knapp 61 Prozent der befragten Städte und 65 Prozent der Kreisverwaltungen gaben an, daß sie auf diesem Weg Kontakte zwischen Firmen herstellen und selbst am Informationstransfer teilnehmen.

Eine weitere, allerdings nicht so häufig genutzte Möglichkeit der Betreuung von Unternehmen stellt das Angebot von Firmensprechstunden in der Verwaltung dar. Für die Firmen wird eine Anlaufstelle im Rathaus bzw. Landratsamt eingerichtet, wo sie ihre betrieblichen Probleme mit kompetenten Gesprächspartnern erörtern können und wo gemeinsam nach Lösungen gesucht wird. Dieses Betreuungsan-

---

8 *Heuer*, S. 94, stellte in seiner Befragung westdeutscher Städte fest, daß 80 Prozent von ihnen regelmäßig Betriebsbesuche durchgeführt haben.
9 *Hans Troje*, Zielgruppenorientierte Regionalentwicklung. Wirtschaftsförderung in der Marktwirtschaft, Göttingen 1993, S. 52.

Tabelle 24: Pflege der Kontakte zu ansässigen Firmen, Häufigkeiten[1] nach Gemeinde- bzw. Kreisgrößenklassen*

Größenklasse	Zahl der Antworten	Betriebs-besuche		Regelmäßige Gesprächs-runden		Firmensprech-stunden		Sonstige Kontakte	
	abs.	abs.	%	abs.	%	abs.	%	abs.	%
Städte									
10 000-20 000	67	52	77,6	35	52,2	7	10,4	10	14,9
20 000-50 000	67	56	83,6	42	62,7	9	13,4	18	26,9
50 000-100 000	15	15	100,0	11	73,3	6	40,0	-	-
über 100 000	13	13	100,0	10	76,9	5	30,5	6	46,2
Insgesamt	162	136	84,0	98	60,5	27	16,7	34	20,9
Kreise									
bis 50 000	73	68	93,2	42	57,5	11	15,1	18	24,7
50 000-100 000	69	66	95,7	46	66,7	15	21,7	24	34,8
über 100 000	15	14	93,3	14	93,3	6	40,0	4	26,7
Insgesamt	157	148	94,3	102	65,0	.32	20,4	46	29,3

difu

*Quelle: Difu-Umfrage "Kommunale Wirtschaftsförderung 1993".
1 Mehrfachnennungen.

Geographisches Institut
der Universität Kiel

gebot machen knapp 17 Prozent der an der Umfrage beteiligten Städte sowie gut 20 Prozent der Landkreise.

Namentlich die ostdeutschen Großstädte stellen über die genannten Maßnahmen hinaus Firmenkontakte durch gemeinsame Seminare und Wirtschaftskonferenzen sowie über gemeinsame Projektgruppen her. Mehrfach genannt wurden auch Firmengespräche im Wirtschaftsausschuß der jeweiligen Stadtverordnetenversammlung.

Betrachtet man die Betreuung der ansässigen Unternehmen durch die kommunale Wirtschaftsförderung nach Gemeinde- bzw. Kreisgrößenklassen, so zeigt sich, daß mit zunehmender Stadtgröße als auch Kreisgröße die Kontakte zu ortsansässigen Betrieben steigen. Während beispielsweise drei Viertel der befragten kleinen Mittelstädte (10 000 bis 20 000 Einwohner) Betriebsbesuche durchführen, tun dies nicht nur alle Großstädte, sondern auch sämtliche großen Mittelstädte (50 000 bis 100 000 Einwohner). Bei den Landkreisen ist ein ähnlicher Trend bei der Durchführung von regelmäßigen Gesprächsrunden zu beobachten. Von den kleinen Landkreisen (bis 50 000 Einwohner) sind hierin unter 60 Prozent aktiv, während solche Runden von mehr als 93 Prozent der großen Kreise (mehr als 100 000 Einwohner) gemeldet wurden. Gründe hierfür können die größere Personalausstattung der für die Wirtschaftsförderung zuständigen Dienststellen in den größeren Verwaltungen sowie die mit wachsender Stadt- und Kreisgröße erheblich höhere Zahl an eigenständigen Ämtern für Wirtschaftsförderung sein. Möglich ist aber auch, daß man in kleineren Städten und Kreisen solche formellen Gesprächsformen nicht so häufig zur Informationsbeschaffung braucht.

Existenzgründer eröffnen zwar zumeist kleine Firmen - häufig sind zunächst nur ein bis zwei Personen beschäftigt -, dennoch dürfen die Arbeitsplatzeffekte nicht unterschätzt werden; auch werden die jungen Betriebe langfristig einen wichtigen Beitrag zum Neuaufbau eines soliden Unternehmensbestandes leisten[10]. Nach Schätzungen des Statistischen Bundesamtes gab es im Jahr 1993 in Ostdeutschland ungefähr 430 000 Existenzgründungen. Rund 11 000 Unternehmensgründungen erfolgten im Bereich der Industrie, was lediglich 2,7 Prozent aller ostdeutschen Neugründungen entspricht. Anders als in den alten Bundesländern spielen dabei sogenannte Management-Buy-Outs (MBO) in Form der Übernahme eines ehemaligen volkseigenen Betriebes oder einzelner Teile davon durch bisherige Mitarbeiter eine wichtige Rolle. Bis 1994 sind knapp 2 800 MBO aus der Privatisierung durch die Treuhandanstalt entstanden. Schon die Zahl von zugesicherten 120 000 Arbeitsplätzen gibt einen Hinweis auf die Bedeutung dieser Existenzgründungen für den ostdeutschen Arbeitsmarkt[11]. Neben generellen Schwierigkeiten von Existenzgründern wie fehlenden kaufmännischen Kenntnissen, ge-

---

10 Vgl. ebenda, S. 54.
11 Vgl. *Jörg Lennardt*, MBO in den neuen Bundesländern. Entstehung einer neuen Unternehmergeneration, in: Die Wirtschaft, Ausgabe 19 (1994).

ringem Startkapital und unzureichenden Betriebsräumen kommen bei den MBO spezielle Probleme hinzu, so etwa zu hohe Preise für den Firmenerwerb sowie die vielfach erheblichen Altschulden, die mit dem Firmenkauf übernommen wurden[12].

Gerade in der Gründungsphase der Firmen können die Kommunen - häufig in Zusammenarbeit mit anderen Akteuren wie etwa den Kammern - Unterstützung geben, z.B. wenn es um ein typisches "Start"-Problem junger Betriebe geht, nämlich fehlende kostengünstige Gewerberäume. Ein auch in Westdeutschland vielfach genutztes Instrument ist die Einrichtung von Gewerbezentren, also Gebäuden zur gemeinschaftlichen Standortnutzung durch Firmen. An entsprechenden Projekten sollten sich Städte und Kreise federführend beteiligen[13]. Je nach Zielsetzungen und Adressaten kann man bei den Gewerbezentren grob folgende Typen unterscheiden[14]:

- Gewerbehof: Er bietet - oft in vorhandenen Gebäuden - Betriebsräume für mehrere neu gegründete und zu verlagernde Handwerksbetriebe und andere Kleinbetriebe; die Branchenstruktur ist heterogen. Je nach Bedarf der Mieter sind Gemeinschaftseinrichtungen vorhanden (z.B. Kommunikationsdienste, Kantine).
- Gründerzentrum: Gebäude für neu gegründete Betriebe aus dem Verarbeitenden Gewerbe sowie produktionsorientierte Dienstleistungen. Die Mietdauer ist zeitlich befristet, d.h., in der Expansionsphase müssen die Firmen den Standort verlassen. Es werden Gemeinschaftseinrichtungen (Besprechungsräume, Kommunikationsdienste) bereitgestellt und Dienstleistungen wie etwa Sekretariat, Buchhaltung sowie Managementunterstützung angeboten.
- Technologie- bzw. Innovationszentrum: Es bietet preisgünstige Räume für eine Reihe junger Firmen an, welche technologische Neuerungen entwickeln, herstellen und vermarkten; die Mietdauer ist zeitlich begrenzt. Idealerweise befindet sich der Standort in der Nähe von Hochschulen oder anderen Forschungseinrichtungen. Zur Verfügung gestellt werden Gemeinschaftseinrichtungen und Dienstleistungen. Darüber hinaus erfolgen Beratungshilfen bis hin zur Kontaktvermittlung bei betriebswirtschaftlichen, finanzwirtschaftlichen und technischen Fragen.

Gut zwei Drittel der befragten Städte und Kreise besitzen bereits Gewerbezentren oder errichten sie. Am häufigsten werden Gewerbehofprojekte genannt (Tab. 25). In knapp 64 Prozent der Städte bzw. gut 47 Prozent der Kreise sind solche Einrichtungen schon in Betrieb oder werden gerade errichtet (insgesamt 119 Pro-

---

12 Vgl. *Wirtschaftswoche* vom 18.3.1994, S. 51 f.
13 Vgl. ausführlich zu den kommunalen Handlungsmöglichkeiten Ulrich Klaus-Stöhner u.a. *(Bearb.)*, Entwicklungskonzept Wirtschaft der Stadt Erfurt, Wiesbaden und Erfurt 1991, S. 88 ff. (HLT-Report, Nr. 312).
14 Vgl. ebenda, S. 80 f.

Tabelle 25: Vorhandene oder im Aufbau befindliche Gewerbezentren, Häufigkeiten[1] nach Gemeinde- bzw. Kreisgrößenklassen*

Größenklasse	Zahl der Antworten	Gewerbe-höfe		Gründer-zentren		Technologie- und Innovations-zentren		Sonstige Einrichtungen	
	abs.	abs.	%	abs.	%	abs.	%	abs.	%
Städte									
10 000-20 000	39	28	71,8	5	12,8	2	5,1	8	20,5
20 000-50 000	43	24	55,8	14	32,6	5	11,6	8	18,6
50 000-100 000	14	7	50,0	1	7,1	3	21,4	1	7,1
über 100 000	12	10	83,3	5	41,7	6	50,0	-	-
Insgesamt	108	69	63,9	25	23,1	16	14,8	17	15,7
Kreise									
bis 50 000	40	18	45,0	13	32,5	2	5,0	8	20,0
50 000-100 000	53	25	47,2	18	34,0	6	11,3	10	18,9
über 100 000	13	7	53,8	8	61,5	4	30,8	2	15,4
Insgesamt	106	50	47,2	39	36,8	12	11,3	20	18,9

difu

*Quelle: Difu-Umfrage "Kommunale Wirtschaftsförderung 1993".

1 Mehrfachnennungen.

jekte). Vorhandene bzw. gerade errichtete Gründerzentren melden mehr als 23 Prozent der Städte sowie fast 37 Prozent der Kreisverwaltungen (insgesamt 64 Projekte). Die kommunalen Einrichtungen geben insgesamt 28 Technologie- und Innovationszentren an, die sich in Betrieb bzw. noch im Bau befinden (entsprechend rund 15 Prozent der befragten Städte und 11 Prozent der Landkreise). Nach Angaben der Arbeitsgemeinschaft Deutscher Technologie- und Gründerzentren (ADT), Berlin, gab es Ende 1994 in Deutschland 175 Innovationszentren, davon 60 in Ostdeutschland (Abb. 13)[15]. Kennzeichnend für die Entwicklung in den neuen Bundesländern ist ein anhaltender Boom bei der Gründung von Technologie- und Innovationszentren[16].

Abbildung 13: Entwicklung der Innovationszentren in Deutschland*

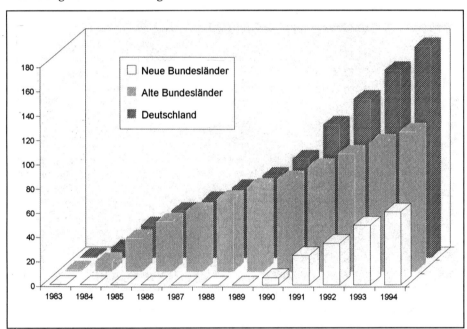

*Quelle: *Guido Baranowski und Bernd Groß (Hrsg.)*, Innovationszentren in Deutschland 1994/1995, Berlin 1994.

Neben diesen Typen von Gewerbezentren wurden als weitere Einrichtungen mehrfach genannt: Zentren für Recyclingfirmen sowie Industrie- und Gewerbeparks.

Vergleicht man die Häufigkeit vorhandener oder noch im Aufbau befindlicher Gewerbezentren nach Gemeinde- bzw. Kreisgrößenklassen, fällt folgendes auf: Mit wachsender Stadtgröße nehmen die Innovationszentren stark zu; lediglich

---

15 Einschließlich der in der Difu-Umfrage nicht erfaßten Berliner Innovationszentren.
16 Vgl. *Heinz Fiedler*, Zehn Jahre Innovations-, Technologie- und Gründerzentren in Deutschland - wie geht es weiter?, in: Zehn Jahre Innovationszentren in Deutschland, Berlin 1993, S. 9 ff. (ADT-FOCUS, Bd. 5).

fünf Prozent der kleinen Mittelstädte (10 000 bis 20 000 Einwohner) haben (künftig) eine solche Einrichtung. Demgegenüber gibt die Hälfte der befragten Großstädte an, jetzt oder später über ein Innovationszentrum zu verfügen. Die Gründe für diesen Trend dürften in den besseren Standortvoraussetzungen der Großstädte, mit ihren Fachschulen, Hochschulen und anderen Forschungseinrichtungen liegen. Aus diesen Einrichtungen rekrutieren sich zum einen Existenzgründer, zum anderen arbeiten zahlreiche junge Firmen mit ihnen zusammen. Mithin ist ein relativ enges räumliches Nebeneinander für alle Beteiligten von Nutzen. Bei den Landkreisen zeigt sich, daß mit wachsender Kreisgröße sowohl die Gewerbehöfe als auch die Gründerzentren sowie die Technologie- und Innovationszentren an relativer Häufigkeit zunehmen.

Ein weiteres Instrument der kommunalen Wirtschaftsförderung ist die Vergabe von Aufträgen an örtliche Unternehmen. Groben Schätzungen zufolge kann man das gesamte öffentliche Beschaffungswesen auf ungefähr 330 Mrd. DM veranschlagen. Davon entfallen auf den Bund etwa 80 Mrd. DM, auf die alten Bundesländer rund 200 Mrd. DM und auf die neuen Länder etwa 50 Mrd. DM[17]. Öffentliche Aufträge erteilen sicherlich alle ostdeutschen Kommunen. Dabei liegt es auf der Hand, nach Möglichkeit ortsansässigen Firmen bei Auftragsvergaben den Vorzug zu geben. Mitte 1991 eröffnete eine zeitlich befristete Präferenzregelung des Bundes den ostdeutschen Unternehmen bei der Auftragsvergabe entsprechende Möglichkeiten. Die Regelung verschafft ostdeutschen Firmen ein Eintrittsrecht in einen Vertrag, wenn deren Angebot der Ausschreibung entspricht und der Preis nicht mehr als 20 Prozent über dem billigsten Angebot liegt.

Etwa zwei Drittel der an der Difu-Umfrage beteiligten Städte und rund drei Viertel der Landkreise haben von dieser Präferenzregelung Gebrauch gemacht (Abb. 14). Erwähnenswert ist, daß ungefähr 15 Prozent der befragten Kommunalverwaltungen nicht wußten, ob in ihrer Stadt bzw. ihrem Kreis die Präferenzregelung angewendet worden ist. 16 Prozent der Städte bzw. rund elf Prozent der Kreise haben die Präferenzregelung nicht genutzt. Das lag ganz überwiegend daran, daß einheimische Firmen im Vergleich mit auswärtigen Anbietern billigere Angebote gemacht haben (dies gaben drei Viertel der Kreise und mehr als 60 Prozent der Städte an). Knapp einem Fünftel der Städte hätten nur Angebote aus der Region vorgelegen. Allerdings ist anzumerken, daß ostdeutsche Kommunalverwaltungen zumindest bis 1992 häufig mit den erbrachten Leistungen ortsansässiger Firmen unzufrieden gewesen sind[18]. Geklagt wurde nicht nur über die schlechte Qualität der Leistungen, sondern auch über erhebliche zeitliche Überschreitungen der verabredeten Termine.

---

17 Vgl. *Klaus von Dohnanyi*, Präferenzregelung hilft ostdeutschen Firmen bei öffentlichen Ausschreibungen, in: Handelsblatt vom 14.4.1994.
18 Vgl. dazu *Annette Icks*, Kommunale Wirtschaftsförderung in den neuen Bundesländern, Bonn 1992, S. 30 f. (ifm-Materialien Nr. 92).

Abbildung 14: Anwendung der Präferenzregelung bei einer Auftragsvergabe an ostdeutsche Firmen, nach Städten und Kreisen*

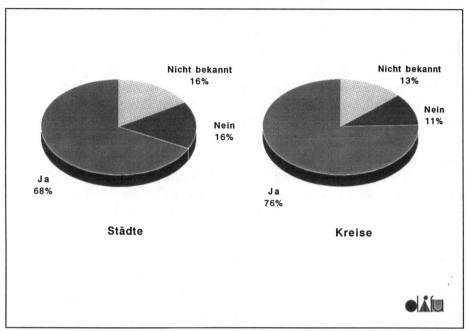

*Quelle: Difu-Umfrage "Kommunale Wirtschaftsförderung 1993".

8.3 Zeitaufwand für Planungs- und Genehmigungsverfahren

Die möglichst schnelle Bereitstellung von gewerblichen Bauflächen, deren rasche Bebaubarkeit und die reibungslose Inbetriebnahme von Produktionsanlagen hängen ganz wesentlich vom zügigen Ablauf mehrerer Planungs- und Genehmigungsverfahren ab. Wichtige Planungsverfahren sind die Aufstellung von Bebauungsplänen sowie die Aufstellung von Vorhaben- und Erschließungsplänen[19]. Mit Hilfe dieser beiden Instrumente des Baugesetzbuches wird verbindliches Planungsrecht geschaffen; eine unabdingbare Voraussetzung kommunaler Gewerbeflächenpolitik. Zur Errichtung und Inbetriebnahme einer Produktionsstätte sowie genehmigungspflichtiger Anlagen[20] müssen Genehmigungsverfahren durchgeführt werden, so das Bau- und das immissionsschutzrechtliche Genehmigungsverfahren.

---

19 Vgl. zum aktuellen Stand der Anwendung dieses planungsrechtlichen Instruments *Arno Bunzel u.a.*, Satzung über den Vorhaben- und Erschließungsplan. Zweite vollständig überarbeitete Auflage unter Berücksichtigung der geänderten Rechtslage nach dem Investitionserleichterungs- und Wohnbaulandgesetz, Berlin 1994 (Difu-Arbeitshilfe Städtebaurecht).
20 Gemäß der Vierten Verordnung zur Durchführung des Bundes-Immissionsschutzgesetzes.

Die kommunalen Dienststellen für Wirtschaftsförderung sind zwar bei diesen vier Planungs- und Genehmigungsverfahren weder für die Planaufstellung noch für die jeweilige Genehmigung zuständig[21], aber es liegt in ihrem Ermessen, sich im Interesse ihrer unternehmerischen Klientel für eine möglichst kurze Verfahrensdauer einzusetzen[22]. So ist es für Firmen sehr hilfreich, wenn ein Amt für Wirtschaftsförderung als zentrale Anlaufstelle dient, "die den Unternehmen einerseits den Weg durch die einzelnen Zuständigkeiten in den Verwaltungen aufzeigt und andererseits sich für eine zügige Bearbeitung der unternehmerischen Anliegen in den einzelnen Ressorts koordinierend einsetzt"[23]. Beratungsgespräche mit den zuständigen Amtsleitern und Sachbearbeitern sowie Ämterkonferenzen können Aufstellungsverfahren beschleunigen oder die schnellere Genehmigung eines Bauantrages ermöglichen. Günstig wirken sich darüber hinaus gute Kontakte mit anderen, etwa am Bauleitplanverfahren beteiligten lokalen Einrichtungen aus (z.B. mit dem Gewerbeaufsichtsamt, Energieversorgungsunternehmen, Wasserschutzamt, Straßenbauamt).

Bis Mitte 1994 wurden in Ostdeutschland insgesamt 2096 Vorhaben- und Erschließungspläne genehmigt[24]. Über die Anzahl rechtsverbindlicher Bebauungspläne liegen keine schlüssigen Angaben vor; eine flächendeckende Erhebung wurde bislang nicht vorgenommen. Erfahrungswerten aus den alten Bundesländern zufolge dauern dort Verfahren zur Aufstellung von Bebauungsplänen durchschnittlich zwei bis drei Jahre[25]. Indessen ist hinsichtlich der planungsrechtlichen Absicherung von Gewerbegebieten eine Reihe von Fällen bekannt, wo Bauleitplanverfahren deutlich mehr Zeit in Anspruch genommen haben[26].

Ein Vergleich der Dauer der Verfahren zeigt, daß das Bauleitplanverfahren insgesamt mehr Zeit beansprucht als die Vorhaben- und Erschließungspläne (Tab. 26). Während nämlich z.B. das Aufstellungsverfahren für einen Vorhaben- und

---

21 Bebauungspläne werden entweder vom Stadtplanungsamt oder bei einem von der Stadt beauftragten Planungsbüro erarbeitet. Bei Vorhaben- und Erschließungsplänen entwickelt der jeweilige Investor den Plan für sein Vorhaben einschließlich des dazugehörigen Erschließungsplans. Genehmigungen erfolgen durch die höheren Verwaltungsbehörden des jeweiligen Bundeslandes, mithin entweder durch ein zuständiges Länderministerium oder - sofern vorhanden - durch ein Regierungspräsidium bzw. eine Bezirksregierung. Die Genehmigung eines vom Bauherrn eingereichten Bauantrags für ein genehmigungsbedürftiges Vorhaben erteilt das jeweilige Bauordnungsamt einer kreisfreien Stadt oder einer größeren kreisangehörigen Stadt. Für kleine Städte und Gemeinden ist das Bauordnungsamt einer Landkreisverwaltung zuständig. Immissionsschutzrechtliche Genehmigungsverfahren fallen in die Zuständigkeit von Landesbehörden.
22 Vgl. zum Folgenden *Sartowski*, S. 124 f.
23 Ebenda, S. 125.
24 Vgl. *Bunzel u.a.*, S. 16.
25 Vgl. *Gerd Schmidt-Eichstaedt*, Verfahrensdauer und Zeitablauf im Bauleitplanverfahren, in: Deutsches Verwaltungsblatt, H. 10 (1992), S. 652.
26 Vgl. *Deutscher Industrie- und Handelstag (Hrsg.)*, Produktionsstandort Deutschland. Gewerbeflächen- und Auflagenpolitik der Gemeinden, Bonn 1990, S. 18 f.

Tabelle 26: Dauer des Verfahrens zur Aufstellung eines Bebauungsplans bzw. zur Aufstellung eines Vorhaben- und Erschließungsplans, Häufigkeiten nach Gemeinde- bzw. Kreisgrößenklassen*

Größenklasse	Bebauungspläne				Vorhaben- und Erschließungspläne			
	Zahl der Antwortenden	bis 6 Monate	6-12 Monate	1 Jahr u. länger	Zahl der Antworten	bis 6 Monate	6-12 Monate	1 Jahr und länger
	abs.	%	%	%	abs.	%	%	%
Städte								
10 000-20 000	61	16,4	31,1	52,5	50	36,0	40,0	24,0
20 000-50 000	63	11,1	31,8	57,1	60	28,3	56,7	15,0
50 000-100 000	14	-	50,0	50,0	13	30,8	46,2	23,0
über 100 000	10	-	30,0	70,0	10	20,0	70,0	10,0
Insgesamt	148	11,5	33,1	55,4	133	30,8	50,4	18,8
Kreise								
bis 50 000	67	22,4	47,7	29,9	67	47,8	43,2	9,0
50 000-100 000	63	20,6	47,8	31,6	63	46,0	44,4	9,6
über 100 000	12	33,3	33,4	33,3	12	50,0	33,3	16,7
Insgesamt	142	22,5	46,5	31,0	142	47,3	43,0	9,7

difu

*Quelle: Difu-Umfrage "Kommunale Wirtschaftsförderung 1993".

Erschließungsplan bei lediglich knapp 19 Prozent der befragten Städte ein Jahr und länger dauerte, benötigten diesen Zeitraum mehr als 55 Prozent der Städte für die Aufstellung eines Bebauungsplanes. Lediglich gut 11 Prozent der Städte schaffen dies in einem halben Jahr, wohingegen für fast 31 Prozent der Städte dieselbe Zeit zur Aufstellung eines Vorhaben- und Erschließungsplanes ausreicht. Die offensichtliche Zeitersparnis bei den Vorhaben- und Erschließungsplänen dürfte auf Verfahrenserleichterungen und -straffungen gegenüber den Bebauungsplänen zurückgehen[27].

Eine Gegenüberstellung des von Städten bzw. Kreisen angegebenen Zeitaufwands für die Aufstellungsverfahren sieht bei beiden planungsrechtlichen Instrumenten die Kreise vorn. Besonders deutlich wird dies bei der Verfahrensdauer für die Aufstellung von Bebauungsplänen: 69 Prozent der befragten Kreise geben an, sie innerhalb eines Jahres zu erstellen; dies ist bei lediglich knapp 45 Prozent der Städte der Fall. Der Grund: In den Angaben der Kreisverwaltungen sind die zahlreichen kleinen kreisangehörigen Gemeinden berücksichtigt. Dort verkürzen sicherlich weniger komplexe Planungsinhalte und geringere Abstimmungsprobleme die Aufstellungsverfahren.

Ein Vergleich nach Gemeinde- und Kreisgrößenklassen führt zu folgenden Ergebnissen: Sowohl die Aufstellung von Bebauungsplänen als auch die Aufstellung von Vorhaben- und Erschließungsplänen beansprucht in der Regel mit zunehmender Stadt- bzw. Kreisgröße mehr Zeit. Besonders auffällig ist dieser Zusammenhang bei der Dauer des Aufstellungsverfahrens von Bebauungsplänen. Während nämlich immerhin gut 16 Prozent der kleinen Mittelstädte (10 000 bis 20 000 Einwohner) angeben, dafür bis zu sechs Monaten zu benötigen, ist dies weder bei einer großen Mittelstadt (50 000 bis 100 000 Einwohner) noch bei einer Großstadt anzutreffen. Mehr als die Hälfte der kleinen Mittelstädte braucht für das Bauleitplanverfahren ein Jahr und länger, was ebenso für fast drei Viertel der befragten Großstädte zutrifft. Die Großstädte - in der Regel handelt es sich um Kernstädte von Verdichtungsräumen oder von Räumen mit Verdichtungsansätzen - werden mit vielschichtigeren Planungsinhalten und einem immensen Abstimmungsbedarf konfrontiert. Hinzu kommt, daß häufig gesamtstädtische Entwicklungskonzepte fehlen und Fachplanungen ausstehen[28].

Für die Bearbeitung von Bauanträgen benötigt die Mehrzahl der Bauordnungsämter nicht mehr als sechs Monate (Tab. 27): Mehr als 88 Prozent der an der Difu-Umfrage beteiligten Städte und rund 82 Prozent der Landkreise geben an, daß bei ihnen Baugenehmigungsverfahren innerhalb eines halben Jahres abgeschlossen sind. Lediglich jeweils etwa vier Prozent der Städte und Kreise benötigten ein Jahr und länger für Baugenehmigungsverfahren. Ein Zusammenhang zwischen unter-

---

27 Vgl. *Schmidt-Eichstaedt*, Städtebaurecht, S. 201 f., sowie *Bundesministerium für Raumordnung, Bauwesen und Städtebau (Hrsg.)*, Baulandbericht 1993, S. 139.
28 Vgl. *Bundesministerium für Raumordnung, Bauwesen und Städtebau (Hrsg.)*, S. 84.

Tabelle 27: Dauer eines Baugenehmigungsverfahrens bzw. eines immissionsschutzrechtlichen Genehmigungsverfahrens, Häufigkeiten nach Gemeinde- bzw. Kreisgrößenklassen*

Größenklasse	Baugenehmigungen				Immissionsschutzrechtliche Genehmigungen			
	Zahl der Antwortenden	bis 6 Monate	6-12 Monate	1 Jahr u. länger	Zahl der Antworten	bis 6 Monate	6-12 Monate	1 Jahr und länger
	abs.	%	%	%	abs.	%	%	%
Städte								
10 000-20 000	58	79,3	13,8	6,9	22	54,5	36,4	9,1
20 000-50 000	60	91,7	5,0	3,3	39	46,2	43,6	10,2
50 000-100 000	14	92,9	7,1	-	12	75,0	25,0	-
über 100 000	11	81,8	18,2	-	6	33,3	66,7	-
Insgesamt	143	88,5	7,7	3,8	79	51,9	40,5	7,6
Kreise								
bis 50 000	71	83,1	14,1	2,8	60	50,0	45,0	5,0
50 000-100 000	64	81,3	15,6	3,1	59	57,6	40,7	1,7
über 100 000	14	78,6	7,1	14,3	11	81,8	18,2	-
Insgesamt	149	81,9	14,1	4,0	130	56,2	40,8	3,0

difu

*Quelle: Difu-Umfrage "Kommunale Wirtschaftsförderung 1993".

schiedlichen Stadt- bzw. Kreisgrößen und der Verfahrensdauer zur Bearbeitung von Bau-anträgen ist nicht zu erkennen.

Abbildung 15: Dauer eines immissionsschutzrechtlichen Genehmigungsverfahrens, Häufigkeit nach Bundesländern in %*

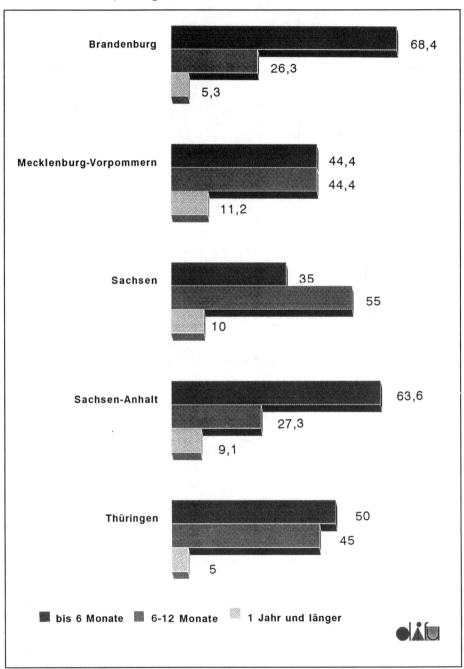

Brandenburg
68,4
26,3
5,3

Mecklenburg-Vorpommern
44,4
44,4
11,2

Sachsen
35
55
10

Sachsen-Anhalt
63,6
27,3
9,1

Thüringen
50
45
5

■ bis 6 Monate ■ 6-12 Monate ▨ 1 Jahr und länger

*Quelle: Difu-Umfrage "Kommunale Wirtschaftsförderung 1993".

Immissionsschutzrechtliche Genehmigungsverfahren werden von den jeweils zuständigen Landesbehörden nach Angabe von mehr als der Hälfte der Befragten innerhalb von sechs Monaten durchgeführt, weitere ungefähr 40 Prozent der Kommunalverwaltungen melden, daß Genehmigungsverfahren sechs bis zwölf Monate gedauert haben. Mit zunehmender Kreisgröße mehren sich die Angaben über relativ kurze Verfahrensdauern. Während nur die Hälfte der Landkreise mit bis zu 50 000 Einwohnern über Verfahrensdauern bis sechs Monate berichtet, äußern dies fast 82 Prozent der großen Kreise mit mehr als 100 000 Einwohnern. Anders als bei der Genehmigung von Bauanträgen liegt die Zuständigkeit für immissionsschutzrechtliche Genehmigungsverfahren bei den einzelnen Bundesländern, so daß es sinnvoll erscheint, zusätzlich einen länderweisen Vergleich hierzu vorzunehmen (Abb. 15). Für ihre kurzen Verfahrensdauern von bis zu sechs Monaten fallen Brandenburg (mit rund 68 Prozent) und Sachsen-Anhalt (rund 64 Prozent) auf. Dem steht Sachsen gegenüber, wo lediglich 35 Prozent der Verfahren in einem halben Jahr zum Abschluß kommen, während 55 Prozent dort sechs bis zwölf Monate dauern. Die recht erheblichen Unterschiede zwischen den ostdeutschen Ländern können eine Folge des jeweiligen Antragsaufkommens sowie der Personalstärke der verantwortlichen Behörden sein. Darüber hinaus dürfte auch die jeweilige Organisation der Umweltschutzbehörden einen Einfluß auf die Dauer der Genehmigungsverfahren haben.

8.4 Steuerung der Ansiedlung großflächiger Einzelhandelsbetriebe

Die gesamte Einzelhandelsverkaufsfläche der DDR lag Ende der 80er Jahre bei etwa fünf Millionen Quadratmeter[29]. Damit kamen auf einen Einwohner in Ostdeutschland etwa 0,3 Quadratmeter Verkaufsfläche, mithin lediglich rund ein Drittel der Fläche von der eines westdeutschen. Die Einzelhandelsversorgung in der DDR wies erhebliche Lücken und Mängel auf und wurde - vor allem im Non-Food-Bereich - von weiten Teilen der Bevölkerung als unzureichend empfunden. Nach Schätzungen von Experten ist dem politischen Umbruch zu Beginn der 90er Jahre der aktuelle Verkaufsflächenbestand auf ungefähr zwölf Millionen Quadratmeter angewachsen[30]. Die hinter der Flächenzunahme von etwa sieben Millionen Quadratmeter stehende Umstrukturierung hat allerdings gravierende Probleme im ostdeutschen Einzelhandel mit sich gebracht:

- Das rasche Wachstum der Verkaufsflächen ist in erster Linie auf eine Vielzahl von Ansiedlungen großflächiger Einzelhandelsbetriebe zurückzuführen. Mit Blick auf stadtentwicklungspolitische und raumordnerische Zielsetzungen ist zu beobachten, daß häufig viel zu große Handelseinrichtungen in zu kleinen

---

29 Vgl. *Erich Batzer*, Deutscher Einzelhandel: Ungebrochene Dynamik im Westen - Neustrukturierung im Osten, in: ifo schnelldienst, H. 14 (1991), S. 21.
30 So etwa nach groben Schätzungen der Forschungsstelle für den Handel (FfH), Berlin.

Gemeinden und an falschen, nämlich dezentralen Standorten in städtischen Gemarkungen entstanden sind.

- Gleichzeitig ist der mittelständische Fachhandel, der in den Innenstädten entscheidend zur Stärkung der Leitfunktion des Einzelhandels beitragen soll, bislang eher schwach ausgeprägt. Angesichts eines weitgehend von westdeutschen Handelsketten dominierten Marktes und ungünstiger Rahmenbedingungen (z.B. hohe Gewerbemieten, Auflagen des Denkmalschutzes, geringe Kapitalausstattung) hat es der bodenständige Einzelhandel schwer, sich an innerstädtischen Standorten zu behaupten bzw. dort erst einmal Fuß zu fassen.

Um die Innenstädte vieler ostdeutscher Städte attraktiver zu machen und den Innenstadteinzelhandel zu stärken, müssen der Rat und die Verwaltung erfolgversprechende Strategien entwickeln und umsetzen[31]. Unverzichtbares Element dabei ist eine konsequente kommunale Einflußnahme auf Aktivitäten des großflächigen Einzelhandels[32]. Zwar sollte man solchen Handelsbetrieben keineswegs generell die Ansiedlung verwehren, sie müssen aber in ihrem Umfang begrenzt werden. Andererseits müssen die Standorte großflächiger Einzelhandelseinrichtungen mit den Zielen von Stadtentwicklung und Raumordnung in Einklang stehen. Dem "Wildwuchs" in städtischen Außenbereichen muß konsequent begegnet werden. Daß sich bereits jetzt erheblich mehr als die Hälfte der Verkaufsflächen in Ostdeutschland an peripher gelegenen Standorten befindet, ist ein deutliches Warnsignal. In Westdeutschland liegt der Anteil von Einzelhandelsverkaufsflächen in städtischen Außenbereichen gegenwärtig bei lediglich etwa 25 bis 30 Prozent[33].

Fast alle an der Difu-Umfrage Beteiligten, nämlich fast 98 Prozent der Städte und gut 90 Prozent der Landkreise, haben Maßnahmen ergriffen, um die Ansiedlung großflächiger Einzelhandelsbetriebe zu steuern (Abb. 16). 116 Städte, also mehr als drei Viertel der Antwortenden, verfügen entweder bereits über ein Einzelhandelsrahmenkonzept bzw. erarbeiten gerade eine solche Arbeitsgrundlage mit Aussagen über gegenwärtige und künftig anzustrebende Verkaufsflächen, Vorstellungen über eine Aufteilung in Betriebsformen sowie Überlegungen zur räumlichen Verteilung des Handelsangebot. Dies trifft auch für 44 Landkreise (29 Prozent) zu.

Am häufigsten geben die Kommunen an, Bebauungspläne mit Sondergebietsfestsetzungen aufzustellen. In solchen Sondergebieten kann eine Stadt bzw. Gemeinde die Handelsstrukturen qualitativ und quantitativ beeinflussen, indem sie nicht nur Branchen und Sortimente festlegt, sondern auch den Umfang der Ver-

---

31 Vgl. *Ulrich Hatzfeld*, Innenstadt - Handel - Verkehr. Verkehrtes Handeln in ostdeutschen Innenstädten?, in: Informationen zur Raumentwicklung , H. 3 (1994), S. 181 ff.
32 Vgl. hierzu das zusammengestellte Material in *Gerd Kühn* (Bearb.), Steuerungsmöglichkeiten der Einzelhandelsentwicklung in den neuen Bundesländern, Berlin 1992 (Difu-Arbeitshilfe Kommunale Wirtschaftsförderung).
33 Vgl. *Hatzfeld*, S. 188.

kaufsflächen vorgibt. Fast 90 Prozent der Kommunen melden die Anwendung entsprechender planungsrechtlicher Instrumente.

Abbildung 16: Anwendung von Instrumenten zur Steuerung der Ansiedlung von großflächigen Einzelhandelsbetrieben, nach Städten und Kreisen, Häufigkeit der Nennungen in %*

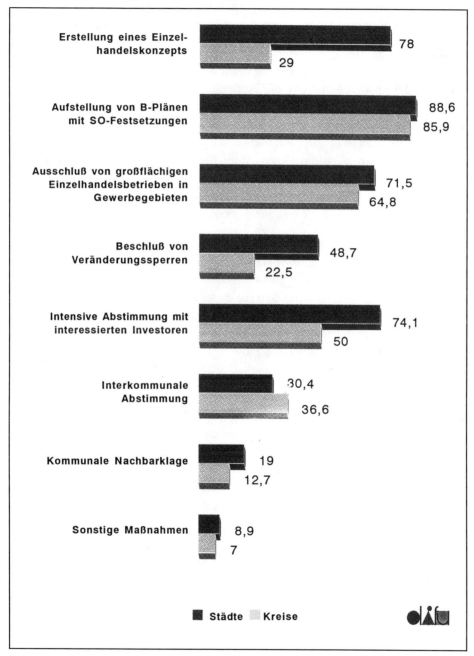

*Quelle: Difu-Umfrage "Kommunale Wirtschaftsförderung 1993".

Ungefähr 72 Prozent der größeren Städte und immerhin knapp 65 Prozent der kleineren kreisangehörigen Städte und Gemeinden halten nach eigenen Angaben großflächige Handelsbetriebe aus Gewerbegebieten fern, um unter anderem starke Grundstückspreissteigerungen zu verhindern. Städtebaurechtlicher "Hebel" ist die Anwendung der Baunutzungsverordnung. Ähnlich häufig erfolgt, zumindest bei den antwortenden Städten (bei mehr als 74 Prozent), eine intensive Abstimmung mit ansiedlungsinteressierten großflächigen Einzelhandelsbetrieben.

Deutlich weniger befragte Kommunalverwaltungen, nämlich jeweils ein gutes Drittel der Städte und Kreise, verweisen auf eine zwischengemeindliche Abstimmung bei der lokalen Steuerung der Ansiedlung großer Handelsbetriebe. Offensichtlich fällt es den Verantwortlichen vielerorts noch schwer, dem massiven "Lockruf" des großflächigen Einzelhandels zu widerstehen. Sie gehen eher mit benachbarten Städten und Gemeinden auf Konfrontation, als daß sie auf interkommunale Kooperation setzen. Vom härtesten Instrument, nämlich dem Gang zum Verwaltungsgericht, um auf dem Klageweg für sein Recht zu streiten, wird am wenigsten Gebrauch gemacht, wobei die Häufigkeit der Nennungen - 19 Prozent der Städte und fast 13 Prozent der Kreise - trotzdem sehr hoch ist.

Zur Häufigkeit, mit der Steuerungsinstrumente angeordnet werden, ergibt sich nach Gemeinde- bzw. Kreisgrößenklassen folgendes (Tab. 28): Besonders nimmt bei den Städten mit wachsender Einwohnerzahl die Erstellung von Einzelhandelsrahmenkonzepten zu, auch steigt dort die Bereitschaft zur kommunalen Nachbarklage. Hierauf verweisen 59 Prozent der beteiligten kleinen Mittelstädte (10 000 bis 20 000 Einwohner), demgegenüber sämtliche großen Mittelstädte (50 000 bis 100 000 Einwohner) sowie alle Großstädte.

Die Anwendung gerichtlicher Schritte gegen Ansiedlungsaktivitäten benachbarter Kommunen meldet von den kleinen Mittelstädten lediglich jede zwölfte. Dem stehen fast zwei Fünftel der antwortenden Großstädte gegenüber. Auffällig ist des weiteren die steigende Bereitschaft zur zwischengemeindlichen Kooperation bei den Städten. Als Folge des größeren Problemdrucks der Großstädte, welche in der Regel Kernstädte von Verdichtungsräumen oder von Räumen mit Verdichtungsansätzen sind, meldet fast die Hälfte von ihnen entsprechende Abstimmungen, während bei den kleinen Mittelstädten dies nur ein Viertel tut. Bei den Kreisverwaltungen ist ein erwähnenswertes Gefälle nur im Zusammenhang mit der Erstellung von Einzelhandelsrahmenkonzepten zu beobachten: Mehr als die Hälfte der großen Landkreise mit über 100 000 Einwohnern verfügt über solche Konzepte; bei den kleinen Kreisen bis 50 000 Einwohnern beträgt der Anteil bloß 28 Prozent.

Tabelle 28: Steuerung der Ansiedlung großflächiger Einzelhandelsbetriebe, nach Gemeinde- bzw. Kreisgrößenklassen*

Größenklasse	Häufigkeit des Einsatzes von Steuerungsinstrumenten								
	Zahl der Antworten	Erarbeitung eines Einzelhandelsrahmenkonzepts	Aufstellung von B-Plänen mit Sondergebietsfestsetzungen	Ausschluß von großflächigen Einzelhandelsbetrieben in Gewerbegebieten	Beschluß von Veränderungssperren	Intensive Abstimmung mit interessierten Investoren	Interkommunale Abstimmung	Kommunale Nachbarklage	Sonstige Maßnahmen
	abs.	%	%	%	%	%	%	%	%
Städte									
10 000-20 000	64	59	84	63	37	77	25	8	8
20 000-50 000	66	74	91	77	59	74	30	24	12
50 000-100 000	15	100	93	80	47	60	40	27	7
über 1C0 000	13	100	92	77	54	77	46	39	-
Insgesamt	158	73	89	72	49	74	30	19	9
Kreise									
bis 50 000	65	28	85	60	23	54	39	6	3
50 000-100 000	62	39	86	65	18	44	34	19	11
über 100 000	15	53	93	87	40	60	40	13	7
Insgesamt	142	35	86	65	22	50	37	13	7

difu

*Quelle: Difu-Umfrage "Kommunale Wirtschaftsförderung 1993".

8.5 Finanzhilfen, Stundungen, Tarifgestaltung

Die Kommunen bieten den Betrieben finanzielle Unterstützung in Form von Bürgschaften und der Vergabe zinsgünstiger kommunaler Darlehen mit dem Ziel, einen zusätzlichen Anreiz für unternehmerische Aktivitäten zu geben. In den alten Bundesländern geschah dies bislang hauptsächlich mit Blick auf die Neuansiedlung von Firmen. Finanzhilfen sind aus diesem Grund "immer wieder Anlaß zur Kritik an der kommunalen Wirtschaftsförderung gewesen, weil sie zur Wettbewerbsverzerrung beitragen und auch die regionale Strukturpolitik der Länder tendenziell unterlaufen können"[34]. Indessen ist zu vermuten, daß ostdeutsche Städte und Gemeinden infolge der schwierigen wirtschaftlichen Situation gerade zahlreicher kleinerer ortsansässiger Firmen Finanzhilfen auch an alteingesessene Betriebe leisten.

Überraschend viele der an der Difu-Umfrage beteiligten Kommunen, nämlich rund 39 Prozent der Städte und knapp 30 Prozent der Landkreise, melden die Gewährung kommunaler Bürgschaften (Abb. 17). Demgegenüber erfolgte die Vergabe kommunaler Darlehen wesentlich seltener: Nur etwa acht Prozent der Städte und rund 14 Prozent der Kreise berichten über Finanzhilfen. Zum Vergleich: Von in den 80er Jahren befragten westdeutschen Städten gaben ungefähr sieben Prozent an, Darlehen zu vergeben. Gut 13 Prozent gewährten kommunale Bürgschaften[35].

Die Kommunen haben als Möglichkeiten, wie sie die Belastungen von Unternehmen in Form regelmäßig anfallender Kosten (Steuern, Gebühren, Aufwendungen für Wasser und Strom) verringern können, die Stundung öffentlicher Abgaben sowie die Gewährung von Sonderkonditionen bei öffentlichen Versorgungs- und Entsorgungsleistungen. In vielen westdeutschen Kommunen werden öffentliche Abgaben gestundet, wobei sich die jeweilige Stadt oder Gemeinde an die Regelungen der Abgabenverordnung zu halten hat[36]. Rund 37 Prozent der antwortenden ostdeutschen Städte sowie knapp 18 Prozent der Kreise gaben an, von der Stundung öffentlicher Abgaben Gebrauch zu machen (Abb. 17). Angesichts der vielerorts sehr angespannten Situation der Kommunalhaushalte fällt die Entscheidung, zumindest vorübergehend zugunsten in Bedrängnis geratener ortsansässiger Betriebe auf entsprechende Einnahmen zu verzichten, sicherlich nicht leicht. Demgegenüber melden lediglich ungefähr 14 Prozent der befragten Städte und sogar nur etwa zehn Prozent der Landkreise die Gewährung von Sondertarifen, etwa bei der Belieferung mit Wasser und Strom. Aus Westdeutschland ist be-

---

34 Vgl. *Heuer*, S. 55.
35 Vgl. ebenda.
36 § 222 Abgabenordnung legt fest, daß Steuerschulden ganz oder auch teilweise gestundet werden können, wenn die Einziehung bei Fälligkeit eine erhebliche Härte für den Schuldner bedeuten würde und der Anspruch durch die Stundung nicht gefährdet erscheint.

kannt, daß solche tariflichen Zugeständnisse vornehmlich Großabnehmern und Firmen, die auf dem lokalen Arbeitsmarkt eine wichtige Rolle spielen, gemacht wurden[37].

Abbildung 17: Kommunale Finanzhilfen, Stundung von Abgaben und Tarifgestaltung, nach Städten und Kreisen, Häufigkeit der Nennungen in %*

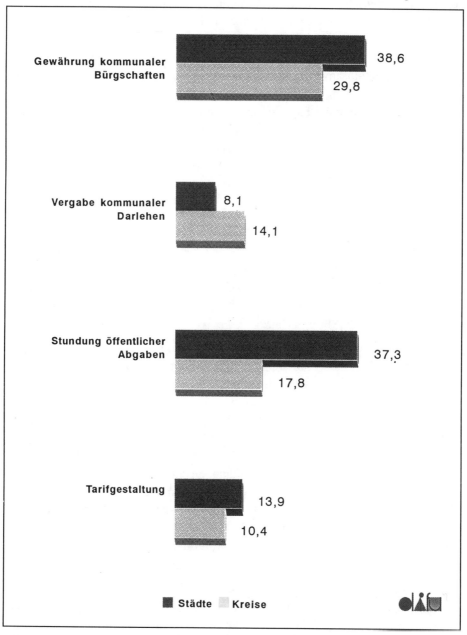

Gewährung kommunaler Bürgschaften
38,6
29,8

Vergabe kommunaler Darlehen
8,1
14,1

Stundung öffentlicher Abgaben
37,3
17,8

Tarifgestaltung
13,9
10,4

■ Städte ▨ Kreise

*Quelle: Difu-Umfrage "Kommunale Wirtschaftsförderung 1993".

---

37 Vgl. *Sartowski*, S. 107.

8.6 Kontakte zu anderen Handlungsträgern

Die wirtschaftliche Entwicklung der Städte und Kreise wird von einer Vielzahl verschiedener Handlungsträger, die teils unterschiedliche, teils gemeinsame Ziele haben, bestimmt. Um gemeinsame Ziele auch kooperativ zu verfolgen, ist die Kontaktpflege zwischen Wirtschaftsförderungsdienststellen und anderen für die Wirtschaftsförderung relevanten Akteuren nötig. Kontaktpflege kann dabei von einzelnen Gesprächen und der Mitarbeit in Arbeitskreisen (beispielsweise der Kammern und Verbände) über die engere Einbindung in Gremienarbeit und die Organisation gemeinsamer Veranstaltungen bis zur kooperativen Durchführung von Wirtschaftsförderungsmaßnahmen reichen. Erfahrung mit gemeinschaftlichen Projekten von öffentlichen Einrichtungen und privaten Unternehmen liegen insbesondere aus dem angelsächsischen Raum vor. Die Kommunale Gemeinschaftsstelle (KGSt) hebt beispielsweise die Erstellung gemeinsamer Entwicklungspläne in den USA als positiv hervor[38], andere Autoren schätzen die Effekte derartiger öffentlich-privater Kooperation ("public-private partnerships") durchaus ambivalent ein[39].

Die Kontakte der Wirtschaftsförderungsdienststellen sind zu einzelnen Akteuren unterschiedlich häufig. Die Hauptaufgaben der kommunalen Wirtschaftsförderung sind die Betreuung ansässiger Unternehmen und der Existenzgründer sowie die Werbung neuer Investoren. Daraus ergeben sich ständige Kontakte mit Unternehmen und Wirtschaftsverbänden. Dies ist der Fall bei rund der Hälfte der Städte und knapp 60 Prozent der Kreise (Abb. 18).

Auffällig ist die zentrale Rolle, die der Treuhandanstalt für die wirtschaftliche Entwicklung, insbesondere in den Städten, zukommt: Rund zwei Drittel der Städte - von den großen Städten (über 100 000 Einwohner) sogar drei Viertel - haben häufige Kontakte zur Treuhandanstalt. Die Bedeutung der Treuhandanstalt wird allein schon daraus deutlich, daß sie 1990/91 mit über 5 Mio. Flurstücken die bedeutendste Grundstückseigentümerin in Ostdeutschland war. Während sich die größeren Städte zunehmend um Liegenschaften der Treuhandanstalt (beispielsweise nicht mehr betriebsnotwendige Flächen ehemaliger Kombinatsbetriebe[40]) zur Bereitstellung von Gewerbeflächen bemühen, sind die kreisangehörigen kleineren Städte und Gemeinden, die Gewerbeflächen "auf der grünen Wiese" ausweisen können, weniger auf Kontakte zur Treuhandanstalt angewiesen. Daraus erklärt sich, daß nur ein knappes Drittel der Kreise häufige Kontakte dorthin angibt.

---

38 *Kommunale Gemeinschaftsstelle für Verwaltungsvereinfachung (KGSt) (Hrsg.)*, S.45.
39 Vgl. *Werner Heinz (Hrsg.)*, Public Private Partnership - ein neuer Weg zur Stadtentwicklung?, Stuttgart u.a. 1993 (Schriften des Deutschen Instituts für Urbanistik, Bd. 87).
40 Zum Vermarktungs- und Privatisierungsverfahren für nicht betriebsnotwendige Treuhandliegenschaften nach dem "TLG-Modell" vgl. *Bodo Freyer*, Das TLG-Modell. Ein bewährtes Instrument zur Aktivierung des Grundstücksmarktes in den neuen Ländern, in: Informationen zur Raumentwicklung, H.1/2 (1994), S. 39-48.

Abbildung 18: Anteil der Städte und Kreise mit häufigen Kontakten, in %*

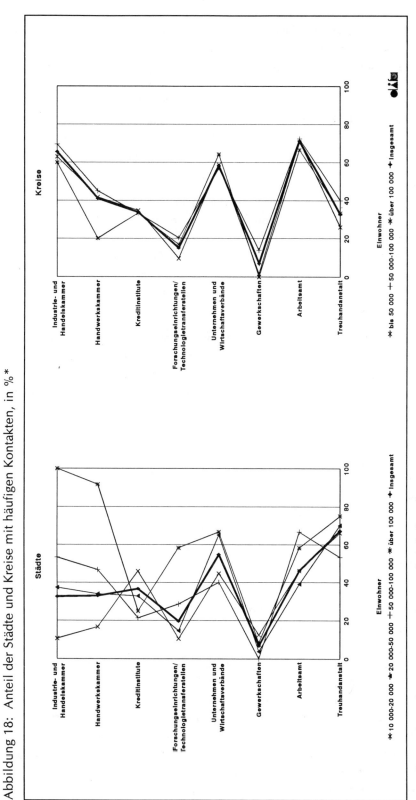

*Quelle: Difu-Umfrage "Kommunale Wirtschaftsförderung 1993".

119

Gerade in den neuen Bundesländern - mit hohen Arbeitslosenzahlen, Kurzarbeit-Null und einer erheblichen Zahl von Beschäftigten in Arbeitsbeschaffungsmaßnahmen - sind auch die Aktivitäten der Bundesanstalt für Arbeit von großer Bedeutung für die Wirtschaftsentwicklung. So halten viele Wirtschaftsförderungsdienststellen der Städte häufigen Kontakt mit den Arbeitsämtern (46 Prozent). Die Städte über 50 000 Einwohner sind diesbezüglich stärker beteiligt (67 Prozent bzw. 58 Prozent) als die kleineren Städte (46 Prozent bzw. 39 Prozent). Bei den Kreisen stehen die Kontakte zu den Arbeitsämtern sogar an erster Stelle (71 Prozent).

Insbesondere im Rahmen der Betreuung ansässiger Unternehmen und der Förderung von Existenzgründungen spielen Finanzierungsfragen eine wesentliche Rolle. Knapp 37 Prozent der Wirtschaftsförderungsdienststellen in den Städten haben daher häufige Kontakte mit Kreditinstituten. Gerade der Anteil kleinerer Städte ist hierbei hoch (46 Prozent bzw. 33 Prozent). Hier bestehen offensichtlich auch eher Möglichkeiten für informelle Kontakte. Die Kreise geben ähnlich häufige Kontakte zu Kreditinstituten (34 Prozent) an.

Der Kontakt zu den Kammern (Industrie- und Handelskammer, Handwerkskammer) spielt in den Kreisen eine wesentlich wichtigere Rolle als in den Städten. Von den Städten haben rund 32 Prozent häufige Kontakte zur Industrie- und Handelskammer, dagegen sind es bei den Kreisen mehr als doppelt so viele (66 Prozent). Vor allem nutzen die größeren Städte häufiger den Kontakt zur Industrie- und Handelskammer: Mehr als jede zweite Stadt mit 50 000 bis 100 000 Einwohnern und alle Städte mit mehr als 100 000 Einwohnern.

Auch in den Handwerkskammern haben die Kreise erheblich häufigeren Kontakt (41 Prozent) als die Städte (33 Prozent). Bezogen auf die Gemeinde- und Kreisgrößenklassen ergeben sich ähnliche Muster wie bei den Industrie- und Handelskammern. Eine wesentliche Rolle für die häufigeren Kontakte zu den Kammern spielt offensichtlich die räumliche Nähe zu den Einrichtungen. Die Geschäftsstellen der Kammern haben ihren Sitz in der Regel in den größeren Städten und in Kreisstädten.

20 Prozent der Städte und etwa 15 Prozent der Kreise erwähnen häufige Kontakte mit Forschungseinrichtungen und Technologietransferstellen. Unter Berücksichtigung der großen Bedeutung technologieorientierter Unternehmen für die wirtschaftliche Entwicklung sind diese Anteile ausgesprochen niedrig. Das Ergebnis spiegelt vor allem die Konzentration der Technologieförderung auf die großen Städte wider. Während dort knapp 60 Prozent der Wirtschaftsförderungsdienststellen mit Forschungs- und Technologietransfereinrichtungen häufige Kontakte haben, sind es in den kleineren Städten nur 15 Prozent bzw. 11 Prozent. Das strukturelle Problem der Konzentration von Transfereinrichtungen auf bestimmte Regionen ist in Westdeutschland aber ebenso zu finden. In einer früheren Untersuchung des Difu erschienen beispielsweise der Raum Süd-Hessen/Untermain/Fran-

ken, das östliche Niedersachsen, Schleswig-Holstein und das Alpenvorland als "weiße Flecken" auf der Karte der Transfereinrichtungen[41]. Das strukturelle Defizit bei der Kooperation zwischen kommunaler Wirtschaftsförderung mit Forschungs- und Technologietransfereinrichtungen muß unter dem Aspekt gesehen werden, daß sich derartige Einrichtungen in Ostdeutschland erst seit vier Jahren entwickeln können. In Westdeutschland blickt man dagegen auf eine mehr als zehnjährige Tradition beim Aufbau von Technologie- und Gründerzentren (TGZ) zurück. Inzwischen sind aber auch in Ostdeutschland TGZ entstanden.

Kontakte zu den Gewerkschaften scheinen für die kommunale Wirtschaftsförderung sowohl in den Städten als auch in den Kreisen eine nur sehr geringe Rolle zu spielen.

Die bisherige Kooperation der Wirtschaftsförderungsdienststellen mit anderen Handlungsträgern wird von den Städten und Kreisen durchaus kritisch gewürdigt. Mehr als 40 Prozent sehen in diesem Bereich Ansatzpunkte für eine Verbesserung der kommunalen Wirtschaftsförderung (vgl. 9.2).

Zum Vergleich: In Westdeutschland gaben bei der "Innovationsumfrage 1988" des Difu[42] die Städte eher intensive Kontakte zu Kammern und Verbänden, Kreditinstituten und Arbeitsämtern an. Wenige Kontakte bestanden bei den Städten dagegen mit den Gewerkschaften, Unternehmensberatern, Forschungseinrichtungen und Technologiezentren. Das Bild ähnelt - mit Ausnahme der Sonderstellung der Treuhandanstalt - dem Kontaktfeld der ostdeutschen Städte also deutlich. In Westdeutschland haben die Kreise intensive Kontakte zu den Arbeitsämtern, Handwerkskammern und Kreditinstituten. Zu Unternehmensverbänden unterhalten sie gelegentlich Kontakte. Auch dies ähnelt dem Kontaktfeld der ostdeutschen Kreise.

---

41 Vgl. *Grabow/Henckel/Hollbach-Grömig.*
42 Vgl. ebenda.

9. Entwicklungshemmnisse

9.1 Defizite bei Standortfaktoren und ihre Auswirkungen

Die Entwicklung der Wirtschaft in einzelnen Regionen wird ganz wesentlich von der (infrastrukturellen) Ausstattung beeinflußt. Erweisen sich bei den Standortfaktoren Engpässe, können sie die Entwicklung ortsansässiger Unternehmen erheblich beeinträchtigen und Neuansiedlungen verhindern. Die Ausprägung der Standortfaktoren ist die wichtigste Entscheidungsgrundlage bei der Standortwahl von Unternehmen[1].

Die wirtschaftliche Entwicklung in den neuen Bundesländern wird durch veraltete und häufig instandsetzungsbedürftige Infrastruktureinrichtungen (Verkehr, Telekommunikation, Energie-, Wasserversorgung, Abfall-, Abwasserentsorgung) erheblich beeinträchtigt. Unbeschadet der Frage, inwieweit eine identische Ausstattung in West-und Ostdeutschland sinnvoll ist und ob man in Westdeutschland bereits von einer Überausstattung - beispielsweise bei der Autobahn-Netzdichte - sprechen kann, muß man ein rückständiges Ausstattungsniveau in Ostdeutschland konstatieren. Bezüglich der technischen Infrastruktur liegt es bei etwa 10 Prozent bis 25 Prozent der Spitzenwerte in der EU. "Bei wichtigen Merkmalen, wie etwa der Telekommunikation, gehören acht der ehemals fünfzehn DDR-Bezirke zu den am schlechtesten ausgestatteten Regionen Europas überhaupt."[2] Die Dichte des Straßennetzes lag 1990 in Ostdeutschland bei knapp 60 Prozent des westdeutschen Wertes. Rückstände bestanden vor allem beim Autobahnnetz, demgegenüber waren die Netze des öffentlichen Personennahverkehrs, der Eisenbahn und das Rohrfernleitungsnetz in Ostdeutschland dichter geknüpft. Bei der Beurteilung eines etwaigen Infrastrukturrückstands sollte allerdings auch in Betracht gezogen

---

1 Zur Bedeutung von Standortfaktoren vgl. *Grabow/Henckel/Hollbach-Grömig.* Zur veränderten Rolle spezifischer Standortfaktoren im Zuge der Verschlankungsbemühungen der Unternehmen vgl. *Holger Floeting und Dietrich Henckel,* Lean Production, Telematik, just-in-time. Stadträumliche Wirkungen neuer Produktions- und Logistikkonzepte, in: Stadtbauwelt vom 27.12.1993, S. 2620-2629.
2 Vgl. *Klinger,* S. 5.

werden, daß selbst innerhalb Westdeutschlands nur wenige Regionen ein hohes Ausstattungsniveau in allen Infrastrukturbereichen aufweisen[3]. Ein wichtiges Hemmnis ist aber nicht nur die Netzdichte, viel gravierender ist oft die mangelhafte Qualität der Infrastruktureinrichtungen. Der Absicht, Gewerbeflächen zügig zur Verfügung zu stellen, steht eine ganze Reihe von Hemmnissen entgegen. Bei den Neuflächen sind dies vornehmlich fehlende Entwicklungskonzepte, Abstimmungsprobleme beim Bauleitplanverfahren, überhöhte Preisvorstellungen von Grundstückseigentum und Finanzierungsprobleme bei der Gebäudeumschließung. Der raschen Reaktivierung von gewerblichen Brachflächen stehen hauptsächlich vermutete oder bereits entdeckte Bodenverunreinigungen, offene Eigentumsfragen sowie ebenfalls überhöhte Preisvorstellungen entgegen. Eine nicht zu unterschätzende Rolle dürften auch die geringen Erfahrungen bei der Bewältigung der komplexen Sanierungsaufgaben spielen.

Ein weiteres wichtiges Entwicklungshemmnis ist die Wohnsituation: der Mangel an Wohnraum, der geringe Wohnkomfort, das schlecht erschlossene Wohnumfeld. Nach einer Untersuchung des Difu stellen Wohnen und Wohnumfeld den wichtigsten weichen personenbezogenen Standortfaktor dar[4]. Eine Beseitigung der Probleme in diesem Bereich wird noch Zeit in Anspruch nehmen.

Auch weiche Faktoren wie das Angebot an Naherholungsmöglichkeiten, die das Image bestimmen, beeinflussen die Standortattraktivität.

In den befragten Städten wird am häufigsten (58 Prozent) das geringe Angebot an attraktivem Wohnraum als stark oder sehr stark beeinträchtigend für die wirtschaftliche Entwicklung genannt (Abb. 19). Dies gilt vor allem für die großen Kernstädte mit 100 000 und mehr Einwohnern in den Verdichtungsräumen (Tab. 29), aber auch für Städte in den verdichteten Kreisen ländlich geprägter Regionen (Tab. 30).

---

3 Vgl. *Bach u.a.*
4 Vgl. *Grabow/Henckel/Hollbach-Grömig.*

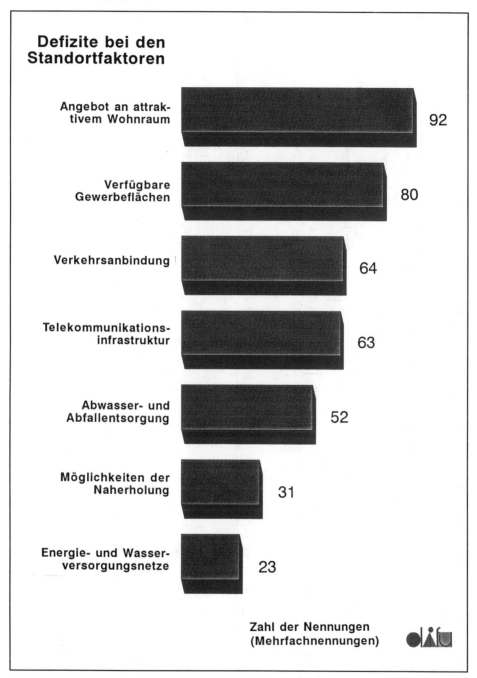

Defizite bei den Standortfaktoren

Angebot an attrak-
tivem Wohnraum — 92

Verfügbare
Gewerbeflächen — 80

Verkehrsanbindung — 64

Telekommunikations-
infrastruktur — 63

Abwasser- und
Abfallentsorgung — 52

Möglichkeiten der
Naherholung — 31

Energie- und Wasser-
versorgungsnetze — 23

Zahl der Nennungen
(Mehrfachnennungen)

*Quelle: Difu-Umfrage "Kommunale Wirtschaftsförderung 1993".

Tabelle 29: Starke bis sehr starke Beeinträchtigungen[1] der wirtschaftlichen Entwicklung durch Defizite bei Standortfaktoren in den Städten und Kreisen, nach Gemeinde- bzw. Kreisgrößenklassen*

Größenklasse	Verkehrsanbindungen		Verfügbare Gewerbeflächen		Energie- und Wasserversorgungsnetze		Telekommunikationsinfrastruktur		Abwasser- und Abfallentsorgung		Angebot an attraktiven Wohnungen		Möglichkeiten der Naherholung		Zahl der antwortenden Städte bzw. Kreise
	abs.	%	abs.	%	abs.	%	abs.	%	abs.	%	abs.	%	abs.	%	
Städte															
10 000-20 000	30	45	28	42	12	18	29	43	22	33	34	51	15	22	67
20 000-50 000	28	42	36	54	9	13	22	33	24	36	37	55	13	19	67
50 000-100 000	5	33	6	40	1	7	7	47	1	7	10	67	-	-	15
über 100 000	1	8	10	77	1	8	5	39	5	39	11	85	3	23	13
Insgesamt	64	40	80	49	23	14	63	39	52	32	92	58	31	19	162
Kreise															
bis 50 000	37	51	11	15	18	25	44	60	39	53	35	48	15	21	73
50 000-100 000	35	51	10	15	8	12	47	68	42	62	34	49	13	19	69
über 100 000	6	40	5	33	4	27	7	47	10	67	8	53	1	7	15
Insgesamt	78	50	26	17	30	19	98	62	92	59	77	49	29	19	157

difu

*Quelle: Difu-Umfrage "Kommunale Wirtschaftsförderung 1993".

1 Mehrfachnennungen möglich.

Tabelle 30: Starke bis sehr starke Beeinträchtigungen[1] der wirtschaftlichen Entwicklung durch Defizite bei Standortfaktoren in den Städten und Kreisen, nach Gebietstypen*

Gebietstyp	Verkehrsanbindungen		Verfügbare Gewerbeflächen		Energie- und Wasserversorgungsnetze		Telekommunikationsinfrastruktur		Abwasser- und Abfallentsorgung		Angebot an attraktiven Wohnungen		Möglichkeiten der Naherholung		Zahl der antwortenden Städte bzw. Kreise
	abs.	%	abs.	%	abs.	%	abs.	%	abs.	%	abs.	%	abs.	%	
Regionen mit großen Verdichtungsräumen	23	37	37	59	14	22	26	41	28	44	35	57	17	27	63
Große Kernstädte	-	-	5	83	-	-	3	50	2	33	4	67	2	33	6
Hochverdichtete Kreise	8	42	11	58	6	31	12	63	11	58	10	53	7	37	19
Verdichtete Kreise	8	38	13	62	5	24	4	19	6	29	11	52	6	29	21
Ländliche Kreise	7	41	8	47	3	18	7	41	9	53	10	59	2	12	17
Regionen mit Verdichtungsansätzen	24	41	28	48	5	9	24	41	16	27	38	64	11	19	59
Kernstädte	1	14	5	71	1	14	3	43	2	29	6	86	-	-	7
Verdichtete Kreise	12	41	18	62	4	14	10	35	11	38	17	59	6	21	29
Ländliche Kreise	11	48	5	22	-	-	11	48	3	13	15	65	5	22	23
Ländlich geprägte Regionen	17	43	15	38	4	10	13	33	8	20	19	48	3	8	40
Verdichtete Kreise	6	43	6	43	3	21	6	43	3	21	9	64	-	-	14
Ländliche Kreise	11	42	9	35	1	4	7	27	5	19	10	39	3	12	26
Insgesamt	64	40	80	49	23	14	63	39	52	32	92	58	31	19	162

difu

*Quelle: Difu-Umfrage "Kommunale Wirtschaftsförderung 1993".

1 Mehrfachnennungen möglich.

127

Die Verfügbarkeit von Gewerbeflächen wird in der Regel als sehr wichtiger Standortfaktor bei der Wahl des Mikrostandorts angesehen[5]. Der Mangel an verfügbaren Gewerbeflächen wirkt in fast der Hälfte der Städte beeinträchtigend. Auch hier sind vor allem die großen Städte betroffen.

Als Engpaßfaktor wird an dritter Stelle die ungünstige Verkehrsanbindung genannt (von 40 Prozent der Städte). Diesen Engpaß bemängeln vor allem die kleineren Städte, hingegen nur eine Stadt mit 100 000 und mehr Einwohnern. Ähnlich häufig (in 39 Prozent der Städte) werden Mängel der Telekommunikationsinfrastruktur als Entwicklungshemmnis gesehen. Insbesondere Städte der hochverdichteten Kreise in den großen Verdichtungsräumen befürchten hierdurch eine Benachteiligung in ihrer wirtschaftlichen Entwicklung. Über die tatsächliche Bedeutung des Standortfaktors "Verkehrsanbindung" gibt es als Ergebnis von Unternehmensbefragungen allerdings sehr unterschiedliche Angaben[6].

Der Investitionsbedarf in Ostdeutschland im Bereich der Umwelttechnik ist sehr hoch. Bis zum Jahr 2005 rechnet man beispielsweise im Bereich der Wasserwirtschaft mit notwendigen Investitionen von knapp 153 Milliarden DM, im Bereich der Abfallwirtschaft (inklusive der Technologien zur Altlastensanierung) mit knapp 43 Mrd. DM bis zum Jahr 2000[7]. Von den befragten Städten gibt aber nur ein Drittel - vor allem Städte in den großen Verdichtungsräumen - an, daß die wirtschaftliche Entwicklung durch Mängel bei der Entsorgung beeinträchtigt wird, und für nur 14 Prozent der Städte stellen Energie- und Wasserversorgungsnetze einen erheblichen Engpaßfaktor dar. Die Bedeutung dieses Infrastrukturbereichs für die Standortwahl der Unternehmen ist sektoral sehr unterschiedlich. Beispielsweise "wird die Bedeutung der Energieinfrastruktur in den Grundstoffgüterindustrien mehr als doppelt so hoch bewertet wie in den Investitionsgüterindustrien"[8].

---

5 Vgl. *Institut für Stadtforschung und Strukturpolitik (IfS)*, Strategien zur Vermeidung zukünftiger Gewerbebrachen, Bonn 1992 (Materialien zur Raumentwicklung, H. 48).

6 Der Verkehrsanbindung wird beispielsweise in den Untersuchungen von Fürst/Zimmermann oder jüngst in der Difu-Untersuchung zu den weichen Standortfaktoren die größte Bedeutung für die Standortwahl der Unternehmen beigemessen, Ruppert sieht sie dagegen eher von untergeordneter Bedeutung. Vgl. *Dietrich Fürst und Klaus Zimmermann*, Standortwahl industrieller Unternehmen, Bonn 1973 (Schriftenreihe der Gesellschaft für regionale Strukturentwicklung, Bd. 1); *Grabow/Henckel/Hollbach-Grömig*; *W. Ruppert*, Produktionsstandorte der Industrie im Urteil der Unternehmen, in: ifo schnelldienst, H. 19 (1979); zur Bedeutung der Verkehrsanbindung bei Bürobetrieben vgl. *Bundesministerium für Raumordnung, Bauwesen und Städtebau (Hrsg.)*, Büroflächenentwicklung im regionalen Vergleich, Bonn 1990 (Schriftenreihe Forschung, Nr. 484), und *Holger Floeting und Dietrich Henckel*, Informationstätigkeiten, Telearbeit und telematikorientierte Stadtentwicklungskonzepte, in: Lebensraum Stadt. Mobilität und Kommunikation in den großstädtischen Agglomerationen der Zukunft, Berlin 1994.

7 Vgl. *Wirtschaftswoche* vom 28.1.1994.

8 *Bach u.a.*, S. 160; vgl. *Prognos AG*, EG-Binnenmarkt und Beschäftigung, in: MatAB, Nr. 5 (1990).

Abbildung 20: Beeinträchtigung der wirtschaftlichen Entwicklung in den Kreisen, in %*

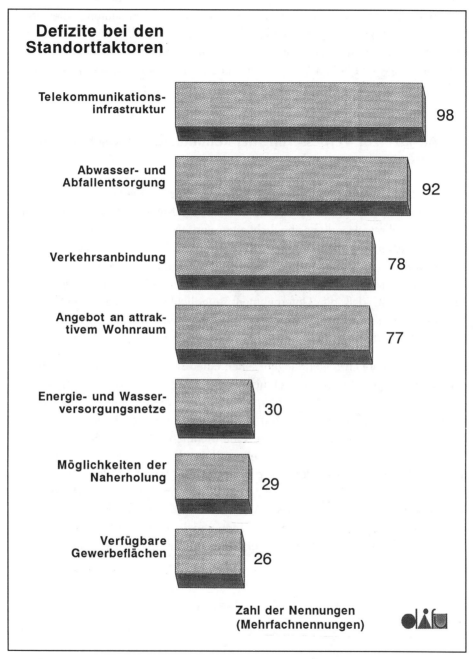

*Quelle: Difu-Umfrage "Kommunale Wirtschaftsförderung 1993".

Die Kreise setzen zum Teil andere Prioritäten und beurteilen die Engpaßfaktoren anders als die Städte. Am häufigsten (von 62 Prozent der Kreise) werden die Mängel der Telekommunikationsinfrastruktur genannt (Abb. 20). Ähnlich häufig (von

59 Prozent der Kreise) werden die Entsorgungsengpässe genannt. Häufiger als bei den Städten wird von den Kreisen die ungünstige Verkehrsverbindung als Hemmnis eingeschätzt. Bemerkenswert ist die untergeordnete Bedeutung, die einem Mangel an verfügbaren Gewerbeflächen beigemessen wird: Nur 17 Prozent der Kreise sehen darin eine Beeinträchtigung der wirtschaftlichen Entwicklung. Angesichts des insgesamt hohen Umfangs erschlossener Gewerbeflächen in kleineren, kreisangehörigen Kommunen ist dies nicht verwunderlich.

9.2 Ansätze zur Verbesserung der kommunalen Wirtschaftsförderung

Anders als bei den Standortfaktoren, wo die Defizite nur bedingt durch kommunale Initiative beseitigt werden können, haben die Kommunen bei den internen Defiziten konkrete Handlungsmöglichkeiten und einen weiterreichenden Zugriff. Durch verbessertes Verwaltungshandeln können die Kommunen damit auch den Standortfaktor "Unternehmensfreundlichkeit der Verwaltung" positiv beeinflussen. Zur Zeit wird die Standortentwicklung in Ostdeutschland auch noch dadurch negativ beeinflußt, daß die Unternehmensfreundlichkeit der Verwaltung in den neuen Ländern schlechter als in Westdeutschland beurteilt wird. Dadurch können u. U. andere vorteilhafte Standortfaktoren unwirksam bleiben[9].

Die meisten Städte (105 Nennungen) sehen einen sehr wichtigen Ansatzpunkt bei den Bearbeitungszeiten von Genehmigungsverfahren (Abb. 21). Obwohl der Zeitaufwand für Planungs- und Genehmigungsverfahren in den neuen Bundesländern schon vergleichsweise gering ist (vgl. 8.3), klagen Investoren immer wieder über zu langwierige Verwaltungsverfahren. Offensichtlich sehen die Wirtschaftsförderungsdienststellen in diesem Bereich ebenfalls noch erhebliche Verbesserungspotentiale. Dies gilt insbesondere für die Großstädte. Innerhalb der Verdichtungsräume betrifft das Problem langer Planungs- und Genehmigungsverfahren vor allem die Kernstädte (Tab. 31 und 32). Von den Kernstädten in den großen Verdichtungsräumen bezeichnen rund 83 Prozent und in den Regionen mit Verdichtungsansätzen knapp 85 Prozent diesen Bereich als einen sehr wichtigen Ansatzpunkt für Verbesserungen.

---

9 Vgl. *Busso Grabow und Beate Hollbach-Grömig*, Zur Bedeutung des Standortfaktors "Kommunale Steuern und Abgaben", in: Der Gemeindehaushalt, H. 7 (1994), S. 145-149.

Abbildung 21: Ansatzpunkte zur Verbesserung der Wirtschaftsförderung in den
Städten, in %*

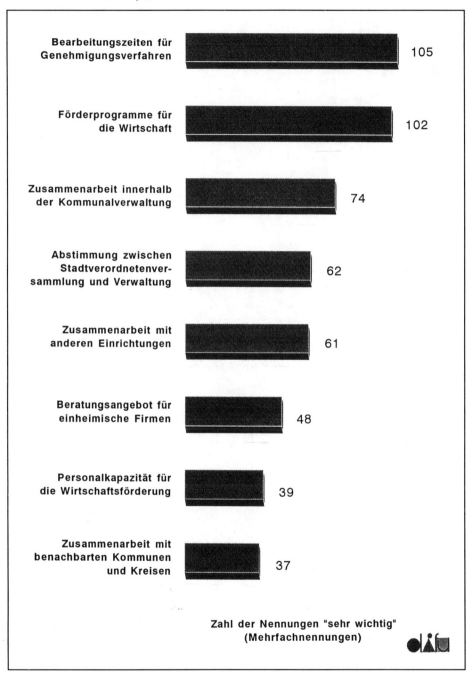

Bearbeitungszeiten für
Genehmigungsverfahren — 105

Förderprogramme für
die Wirtschaft — 102

Zusammenarbeit innerhalb
der Kommunalverwaltung — 74

Abstimmung zwischen
Stadtverordnetenver-
sammlung und Verwaltung — 62

Zusammenarbeit mit
anderen Einrichtungen — 61

Beratungsangebot für
einheimische Firmen — 48

Personalkapazität für
die Wirtschaftsförderung — 39

Zusammenarbeit mit
benachbarten Kommunen
und Kreisen — 37

Zahl der Nennungen "sehr wichtig"
(Mehrfachnennungen)

*Quelle: Difu-Umfrage "Kommunale Wirtschaftsförderung 1993".

Tabelle 31: Ansatzpunkte zur Verbesserung der Wirtschaftsförderung in den Städten, nach Gebietstypen, in %*

Gebietstyp	Städte, in denen ... als sehr wichtiger Ansatzpunkt eingeschätzt wurde							
	Personalkapazität für die Wirtschaftsförderung	Zusammenarbeit innerhalb der Kommunalverwaltung	Abstimmung zwischen Stadtverordnetenversammlung und Verwaltung	Zusammenarbeit mit benachbarten Kommunen und Kreisen	Zusammenarbeit mit anderen wichtigen Einrichtungen	Beratungsangebot für einheimische Firmen	Förderprogramme für die Wirtschaft	Bearbeitungszeiten für Genehmigungsverfahren
Regionen mit großen Verdichtungsräumen	31,6	50,0	40,0	30,9	44,6	37,5	71,9	67,2
Große Kernstädte	33,3	100,0	66,7	50,0	23,3	33,3	83,3	83,3
Hochverdichtete Kreise	29,4	16,7	33,3	38,9	33,3	44,4	77,8	77,8
Verdichtete Kreise	31,6	70,6	43,8	33,3	52,9	35,3	73,7	73,7
Ländliche Kreise	33,3	46,7	33,3	12,5	53,3		57,1	40,0
Regionen mit Verdichtungsansätzen	20,8	52,6	43,9	17,5	37,0	29,6	66,1	67,2
Kernstädte	14,3	28,6	33,3	28,6	28,6	16,7	50,0	85,7
Verdichtete Kreise	19,2	51,7	34,5	17,2	34,6	26,9	59,3	64,3
Ländliche Kreise	25,0	61,9	59,1	14,3	42,9	36,4	78,3	65,2
Ländlich geprägte Regionen	29,4	45,7	42,9	27,0	44,4	30,6	64,9	73,0
Verdichtete Kreise	28,1	46,2	30,8	28,6	38,5	21,4	69,2	71,4
Ländliche Kreise	33,3	45,5	50,0	26,1	47,8	36,4	62,5	73,9
Insgesamt	27,1	50,0	42,2	24,8	41,8	32,9	68,0	68,6

difu

*Quelle: Difu-Umfrage "Kommunale Wirtschaftsförderung 1993".

132

Tabelle 32: Ansatzpunkte zur Verbesserung der Wirtschaftsförderung in den Städten und Kreisen, nach Gemeinde- bzw. Kreisgrößenklassen, in %*

	Städte/Kreise, in denen ... als sehr wichtiger Ansatzpunkt eingeschätzt wurde							
	Personalkapazität für die Wirtschaftsförderung	Zusammenarbeit innerhalb der Kommunalverwaltung	Abstimmung zwischen Stadtverordnetenversammlung und Verwaltung	Zusammenarbeit mit benachbarten Kommunen und Kreisen	Zusammenarbeit mit anderen wichtigen Einrichtungen	Beratungsangebot für einheimische Firmen	Förderprogramme für die Wirtschaft	Bearbeitungszeiten für Genehmigungsverfahren
Städte								
10 000-20 000	25,0	41,0	44,3	25,0	43,1	35,1	71,7	70,5
20 000-50 000	29,8	56,7	40,0	20,7	45,9	33,9	67,2	64,1
50 000-100 000	28,6	57,1	50,0	33,3	28,6	33,3	57,1	66,7
über 100 000	23,1	53,8	33,3	33,3	30,8	16,7	66,7	84,6
Insgesamt	27,1	50,0	42,2	24,8	41,8	32,9	68,0	68,6
Kreise								
bis 50 000	14,5	39,4	25,0	32,9	42,0	42,0	70,6	67,6
50 000-100 000	27,9	42,9	27,4	39,4	46,3	48,4	79,4	69,7
über 100 000	28,6	50,0	15,4	30,8	53,3	35,7	50,0	53,3
Insgesamt	21,5	42,0	25,2	35,6	45,0	44,2	72,7	67,1

difu

*Quelle: Difu-Umfrage "Kommunale Wirtschaftsförderung 1993".

133

Ähnlich häufig (102 Nennungen) werden Förderprogramme für die Wirtschaft als verbesserungsfähig angesehen. Öffentliche Fördermittel stehen als steuerliche Hilfen (Investitionszulage, Sonderabschreibungen), Zuschüsse[10], zinsgünstige Kredite[11] und Bürgschaften[12] zur Verfügung. Trotz der Vielfalt von Förderprogrammen des Bundes und der Länder - oder gerade wegen der vielfach beklagten Unübersichtlichkeit der Förderlandschaft - sehen über 90 Prozent der Städte einen sehr wichtigen oder wichtigen Ansatzpunkt für Verbesserungen in diesem Bereich[13]. Dies deckt sich auch mit der Einschätzung in den alten Bundesländern, wo rund 85 Prozent der Städte den Einsatz von Förderungsmaßnahmen für verbesserungswürdig halten[14].

Die Erledigung der Aufgaben kommunaler Wirtschaftsförderung erfordert eine erhebliche verwaltungsinterne Kooperation. Das gilt für die Gewerbeflächenplanung, die Wirtschafts- und Betriebsbeobachtung ebenso wie für die Unternehmensberatung oder das Standortmarketing. Verwaltungsinterne Kooperationspartner sind vor allem die Kämmerei, das Amt für Stadtentwicklung, das Planungs- und Bauordnungsamt, das Steueramt, das Statistische Amt, der Bereich Öffentlichkeitsarbeit, das Liegenschaftsamt, das Umweltamt. Die Hälfte aller Städte der neuen Bundesländer hält die verwaltungsinterne Zusammenarbeit für einen sehr wichtigen Ansatzpunkt für Verbesserungen. Dies gilt weitgehend unabhängig von der Größe der Städte, nur in den Städten mit weniger als 20 000 Einwohnern wird dies als weniger vordringlich eingeschätzt. Die verwaltungsinterne Zusammenarbeit ist vor allem ein Problem in den Kernstädten der großen Verdichtungsräume und in den verdichteten Kreisen mit ihrem Umland. Zum Vergleich: Eine Difu-Untersuchung in Westdeutschland ergab, daß eine Verbesserung der verwaltungsinternen Koordination mit wachsender Gemeindegröße zunehmend als notwendig angesehen wird. Während die Städte mit weniger als 100 000 Einwohnern zu 45 Prozent diese Notwendigkeit sahen, waren knapp 64 Prozent der Städte mit mehr als 500 000 Einwohnern dieser Überzeugung[15].

Das am häufigsten genutzte Instrument der verwaltungsinternen Koordination ist der informelle Informationsaustausch. In einer früheren Untersuchung des Difu[16] in Westdeutschland wurde in 88 Prozent der Städte dieser Informationsweg genannt. In knapp zwei Drittel der Städte gab es regelmäßige Dezernatsbesprechun-

---

10 Investitionszuschüsse, Zuschüsse für Forschung und Entwicklung, Zuschüsse der Bundesanstalt für Arbeit, Beratungskostenzuschüsse.
11 Zinsgünstige Kredite gewähren beispielsweise die Kreditanstalt für Wiederaufbau, die Deutsche Ausgleichsbank und die Berliner Industriebank AG.
12 Bürgschaften übernehmen beispielsweise die Bundesländer, die Berliner Industriebank AG, die Treuarbeit AG für Bundesbürgschaften.
13 68 Prozent der Städte halten dies für sehr wichtig.
14 Vgl. *Heuer*, S.124 f.
15 Vgl. ebenda.
16 Vgl. *Bernd Wrobel*, Organisation und Aufgaben kommunaler Wirtschaftsförderungsdienststellen und -gesellschaften. Ergebnisse zweier Umfragen, Berlin 1979 (Deutsches Insitut für Urbanistik).

gen. Amtsleiterkonferenzen und Projektgruppen als wichtige Mittel der ämter-übergreifenden Kooperation gab es dagegen nur in weniger als 40 Prozent der Städte. Für die neuen Bundesländer liegen derartige Erhebungen bisher noch nicht vor. Eine erhebliche Abweichung von der Situation in Westdeutschland ist jedoch kaum zu erwarten. Ganz wesentlich für eine funktionierende verwaltungs-interne Zusammenarbeit, aber im Rahmen einer schriftlichen Befragung nicht meßbar, ist die Qualität der ausgetauschten Informationen und die Konsensfähig-keit bei Entscheidungen - ein zunehmend wichtiger weicher Standortfaktor. Die Wirtschaftsförderung hat in diesem Zusammenhang die Aufgabe, "Anträge von Unternehmen mit den an der (künftigen) Bearbeitung beteiligten Ämtern [zu] er-örtern, um die zügige Abwicklung schon im Vorfeld zu sichern". Das Wirtschafts-förderungsamt sollte "sein Konzept der Wirtschaftsförderung [...] allen an der Wirtschaftsförderung beteiligten Ämtern nahebringen, aktiv dafür werben und um Unterstützung bitten"[17]. Um die verwaltungsinterne Zusammenarbeit insbeson-dere in großen Kommunen zu erleichtern, sollte die Wirtschaftsförderungsdienst-stelle in allen für sie relevanten Ämtern ständige Ansprechpartner für die Erörte-rung allgemeiner Fragen und Problemlagen und zur Vermittlung von Gesprächs-partnern für spezielle Problemlösungen haben.

Nicht nur die Zusammenarbeit innerhalb der Kommunalverwaltungen wird als verbesserungsfähig angesehen. Rund 42 Prozent der ostdeutschen Städte halten auch die Abstimmung zwischen Verwaltung und politischer Ebene für einen sehr wichtigen Ansatz für Verbesserungen. Das abgestimmte Handeln zwischen politi-scher und Verwaltungsebene ist gerade für die kommunale Wirtschaftsförderung von herausragender Bedeutung. Verwaltungsinterne Entscheidungsfreudigkeit wird durch klare politische Zielvorgaben gefördert. Wenn die Arbeit auf dieser Ebene funktioniert, wird auch das Image gestärkt, "durchsetzungsstark" und "kon-sensfähig" zu sein.

Die rege Zusammenarbeit von unterschiedlichen Akteuren in der jeweiligen Re-gion wird im allgemeinen als wesentliche Voraussetzung für eine erfolgreiche Wirtschaftsförderung angesehen. Wichtige Akteure außerhalb der Verwaltung sind beispielsweise die Kammern und Verbände, Kreditinstitute, Technologie-transferstellen und in der spezifischen Situation Ostdeutschlands insbesondere die Treuhandanstalt sowie die Bundesanstalt für Arbeit. Knapp 42 Prozent der Städte sehen die Zusammenarbeit mit anderen für die Wirtschaftsförderung relevanten Einrichtungen außerhalb der Verwaltung als sehr wichtigen Ansatzpunkt für Verbesserungen an. Die Städte in den verdichteten und ländlichen Kreisen aller siedlungsstruktureller Regionstypen geben dies deutlich häufiger an als die Kern-städte und Städte in den hochverdichteten Umlandkreisen.

Neben der Akquisition neuer Investoren und Unternehmen ist die Bestandspflege eine wesentliche Aufgabe der kommunalen Wirtschaftsförderung: Bereits ange-

---

17 *Kommunale Gemeinschaftsstelle für Verwaltungsvereinfachung (KGSt) (Hrsg.), S. 41.*

siedelte Unternehmen wollen vielfältig beraten werden, so über die Beschaffung von Gewerbeflächen für Erweiterungen, über Möglichkeiten der Kooperation mit anderen Unternehmen bis hin zur Information über Fördermöglichkeiten. Gerade auch auf dem Feld der Existenzgründungen besteht ein großer Beratungsbedarf. Von knapp einem Drittel der Städte wird eine Verbesserung im Angebot der Beratung einheimischer Firmen als sehr wichtig angesehen. Kleinere Städte geben dies häufiger an als größere. In vielen Fällen können die kommunalen Wirtschaftsförderungseinrichtungen durch den Einsatz moderner Informations- und Kommunikationstechniken wesentlich unterstützt werden, z.B. beim Betreiben von Standort- und Ausschreibungsdatenbanken, elektronischen Kooperationsbörsen, geographischen Informationssystemen, bei der Vermittlung adäquater Ansprechpartner usw[18].

Die Personalkapazität für die Wirtschaftsförderung spielt nach Einschätzung der Städte eine eher untergeordnete Rolle bei der Verbesserung der Wirtschaftsförderung. Diese Einschätzung deckt sich auch mit den Untersuchungsergebnissen zur Personalausstattung (vgl. 4.2).

An letzter Stelle der Rangfolge sehr wichtiger Ansatzpunkte für die Verbesserung der Wirtschaftsförderung steht die Zusammenarbeit mit benachbarten Kommunen und Kreisen. Nicht einmal ein Viertel der Städte hält dies für einen sehr wichtigen Ansatzpunkt. Der Zusammenarbeit zwischen benachbarten Kommunen und Kreisen kommt insbesondere im Stadt-Umland-Verhältnis eine besondere Rolle zu. Dementsprechend wird in den größeren Städten und insbesondere in den großen Kernstädten dieser Ansatzpunkt erheblich häufiger als sehr wichtig genannt. Die interkommunale Kooperation berührt mehrere Felder und reicht vom informellen oder formalisierten Meinungsaustausch über gemeinsame Veranstaltungen und die kooperative Durchführung von Maßnahmen bis zur gemeinschaftlichen Trägerschaft für Wirtschaftsförderungseinrichtungen und zur gemeinsamen Ausweisung von Gewerbeflächen.

Ein Kennzeichen des allgemeinen Strukturwandels der Wirtschaft ist die zunehmende Globalisierung. Dieser Prozeß wird beispielsweise an der gestiegenen Zahl transnationaler Unternehmen deutlich. Waren es 1970 erst 7 000, so sind es zu Beginn der 90er Jahre bereits 37 000 Unternehmen mit 170 000 Auslandsfilialen, die direkte Auslandsinvestitionen von rund 3,4 Billionen DM steuern[19]. Internationale Unternehmen folgen bei ihren Standortentscheidungen betrieblich-differenzierten Standortanforderungen, die aber räumlich übergreifend sind. Unternehmerische Standortkonzepte im engeren Sinn betrachten also vor allem die Region[20]. Daher kommt für die Akquisition neuer Investoren und Unternehmen

---

18 Vgl. *Gisela Gielow u.a.*, Grundregeln für den Aufbau EDV-gestützter Standortinformationssysteme, Berlin 1992 (Difu-Arbeitshilfe Kommunale Wirtschaftsförderung).
19 Vgl. *Floeting/Henckel*, Lean Production.
20 Vgl. *Martin Fürstenberg*, Regionale Standortmodelle und praktische Erfahrungen der Standortentwicklung in der Elektroindustrie. Thesenpapier zum Seminar des Instituts für

und insbesondere solcher auf internationaler Ebene der interkommunalen Zusammenarbeit eine besondere Bedeutung zu. Gerade für diesen Aufgabenbereich bieten sich privatrechtliche regionale Organisationslösungen (regionale Wirtschaftsförderungsgesellschaften) an und werden in einer Reihe von ostdeutschen Kommunen auch schon geplant oder bereits umgesetzt.

Im Rahmen der konkreten unternehmerischen Projektplanung differenzieren sich die Standortanforderungen immer stärker, so daß ein Trend zu einer stärkeren Spezialisierung von Gewerbegebieten zu erkennen ist[21]. Die Differenzierung der Flächenansprüche führt dazu, daß die Städte allein häufig solche geforderten Flächen nicht mehr bereitstellen können. Auch unter diesem Aspekt scheint eine interkommunale Kooperation angebracht.

In einigen Fällen scheint in Ostdeutschland eine in der Anfangsphase der kommunalen Selbstverwaltung informell funktionierende interkommunale Koordination gewichen. Was einmal beispielsweise zum Abgleich potentieller Investoren zur Vermeidung von Überkapazitäten bei der Gewerbeflächenausweisung genutzt wurde, ist einem Wettbewerb um Investoren geopfert. Der niedrige Rang, den dieser Punkt für die Verbesserung der kommunalen Wirtschaftsförderung einnimmt, deutet daher weniger auf eine funktionierende Zusammenarbeit als auf ein in diesem Punkt wenig ausgeprägtes Problembewußtsein.

Die Difu-Umfrage "Kommunale Wirtschaftsförderung 1993" ergibt für die Kreise (Abb. 22) eine ähnliche Rangfolge der sehr wichtigen Ansatzpunkte zur Verbesserung der Wirtschaftsförderung wie bei den Städten. Auch hier werden am häufigsten die Förderprogramme für die Wirtschaft und die Bearbeitungszeiten von Planungs- und Genehmigungsverfahren genannt. Die Zusammenarbeit innerhalb der Verwaltung und die Abstimmung zwischen politischer und Verwaltungsebene werden allerdings weniger häufig als Ansatzpunkte angesehen, jedoch erheblich häufiger das Beratungsangebot für ansässige Unternehmen.

Städtebau "Produzierendes Gewerbe, störendes Gewerbe - Standort Stadt" am 2./3.5.1994 in Berlin, Berlin 1994.
21 Vgl. *Floeting/Henckel*, Lean Production.

Abbildung 22: Ansatzpunkte zur Verbesserung der Wirtschaftsförderung in den Kreisen, in %*

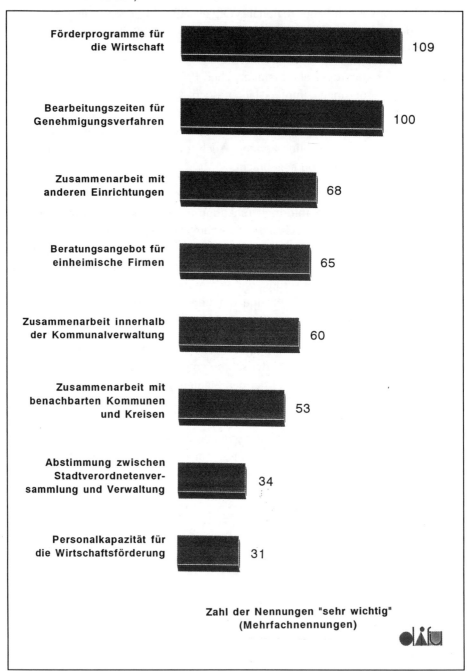

*Quelle: Difu-Umfrage "Kommunale Wirtschaftsförderung 1993".

10. Empfehlungen

Aufgabenwandel der kommunalen Wirtschaftsförderung

Die Aufgaben der kommunalen Wirtschaftsförderung haben sich im Lauf der Zeit verändert. Zwar steht im Mittelpunkt immer noch die Bereitstellung von Gewerbeflächen; moderne Wirtschaftsförderung ist aber mehr als die traditionelle kommunale Gewerbepolitik. Sie ist in noch größerem Umfang als früher eine Querschnittsaufgabe. Zu den Aufgaben der kommunalen Wirtschaftsförderung gehören ebenso die Technologie- und Innovationsförderung, Existenzgründerförderung und arbeitsmarktpolitische Initiativen. Die breite Kooperation mit einer Vielzahl von Akteuren ist unerläßlich, wobei sich Wirtschaftsförderer zumeist in der Rolle des Moderators bzw. Initiators befinden und selten eine Entscheidungsbefugnis besitzen.

Stand bei der kommunalen Wirtschaftsförderung in Westdeutschland im letzten Jahrzehnt die Bestandspflege im Vordergrund - auch wenn Ansiedlungserfolge eher Schlagzeilen machten - so reicht in Ostdeutschland eine Konzentration auf die endogenen Entwicklungspotentiale in der Regel nicht aus, um tragfähige regionale Wirtschaftsstrukturen zu entwickeln. Die Städte und Kreise in den neuen Ländern müssen daher weiter und in verstärktem Maße gezielt Akquisition von Investoren außerhalb der Region betreiben; allerdings mehr mit Blick auf mittelständische Firmen als auf den "Großinvestor". Sie müssen dabei den "Spagat" zwischen gezielten Akquisitionsaktivitäten und intensiver Betreuung des noch sehr fragilen Bestands schaffen. Möglicherweise werden Wirtschaftsförderungsdienststellen von dem Aufgabenumfang überfordert sein. Unter Umständen bildet die Auslagerung der Akquisitionstätigkeit, insbesondere im internationalen Bereich, eine Lösung, was von einer privatrechtlich organisierten Wirtschaftsförderungsgesellschaft für mehrere Städte und Gemeinden bzw. Kreise einer Region übernommen werden könnte. Dies würde besonders auch kleineren Kommunen die Zutrittsschwelle zur nationalen und internationalen "Investorenszene" verringern und bessere Kontaktmöglichkeiten (Messebesuche und -beteiligungen, Firmentagungen, gezielte Pressearbeit, Event-Organisation, Lobbying usw.) schaffen.

Organisation der kommunalen Wirtschaftsförderung

Für die Organisation der kommunalen Wirtschaftsförderung gibt es keine "Patentrezepte". Grundsätzlich läßt sich aber folgendes sagen:

- Die Aufgaben der Wirtschaftsförderung sind für die Kommunalentwicklung von solcher Bedeutung, daß sie nicht von anderen Ämtern "mit erledigt" werden sollten.
- In kleinen Kommunen, in denen keine eigenständige Einrichtung aufgebaut werden kann, hängt die Effektivität der Wirtschaftsförderung ganz wesentlich von der Art der Bündelung der Aufgabenbereiche ab. So erscheint beispielsweise eine Zusammenlegung der Wirtschaftsförderung mit dem Aufgabenbereich "Liegenschaften" oder "Regionalplanung" sinnvoll, in Fremdenverkehrsgemeinden kann auch eine Zusammenfassung mit dem Fremdenverkehrsamt nützlich sein, wohingegen eine Bündelung z.B. mit dem Aufgabenbereich "Statistik" für die Effektivität der Wirtschaftsförderung fraglich ist.
- Eine gute Stellenausstattung erleichtert die Arbeit der Wirtschaftsförderung, obgleich auch hier die "Binsenweisheit" gilt: "viel" muß nicht gleich "effektiv" sein.
- Die Wirtschaftsförderungseinrichtung hat im allgemeinen größere Durchsetzungskraft in der Verwaltung, wenn sie dem (Ober-)Bürgermeister oder Landrat direkt unterstellt ist und wenn ihr Verwaltungschef auch in der Lage ist, sich mit den Fragen der Wirtschaftsförderung eingehend zu beschäftigen. Zudem ist "Wirtschaftsförderung als Chefsache" ein wichtiger Imagefaktor.
- Bestimmte Wirtschaftsförderungsaktivitäten, wie beispielsweise die Betreuung umfangreicher Projekte oder die überregionale Akquisition, sind häufig besser von privatrechtlich organisierten Wirtschaftsförderungseinrichtungen zu erledigen als durch ein Amt, das mit dem "Alltagsgeschäft" der Wirtschaftsförderung ausgelastet ist. Auch hängt Amtslösungen häufig ein "Behördenimage" an.

Mittel- und langfristige Wirtschaftsförderungsstrategien

Wichtige Voraussetzung für die Kontinuität kommunaler Wirtschaftsförderungsaktivitäten ist eine umfassende mittel- und langfristige Entwicklungsstrategie, wie sie bereits in fast 60 Prozent der Städte und knapp 90 Prozent der Kreise erarbeitet wurde. Sie kann einem allein reaktiven Handeln der kommunalen Wirtschaftsförderung vorbeugen und sicherstellen, daß kein "Flickenteppich" von Einzelmaßnahmen entsteht. Damit die strategischen Überlegungen auch tatsächlich umgesetzt werden können, müssen sie flexibel ausgestaltet sein, d.h., das vorausschauende Gesamtkonzept für die Wirtschaftsentwicklung darf keinen zu engen Rahmen setzen, um den gewerbepolitischen Spielraum nicht zu stark einzuschränken; andererseits sollten sie nicht zu global und damit beliebig sein.

Es wird empfohlen, ein wirtschaftspolitisches Gesamtkonzept mit Fachkonzepten der Aufgabenfelder zu verzahnen, weil sonst die Gefahr besteht, daß die rahmensetzenden strategischen Überlegungen "in der Luft schweben". Wie notwendig etwa ein Fachkonzept für die Einzelhandelsentwicklung ist, haben die Trends der zurückliegenden vier Jahre hinlänglich gezeigt. Angesichts der anhaltend schwierigen Situation auf dem ostdeutschen Arbeitsmarkt werden sich die Kommunen bereits in nächster Zukunft stärker um beschäftigungspolitische Konzepte kümmern müssen, ungeachtet der Verantwortungspflicht von Bund und Ländern. Bezogen auf längere Fristen ist eine stärkere Hinwendung der Kommunen zum Aufgabenfeld "Brachflächenrecycling" zu empfehlen, weil - trotz der bekannten Schwierigkeiten - nur so ein Beitrag zum sparsamen Umgang mit Grund und Boden geleistet werden kann.

Gewerbeflächenbereitstellung

In zahlreichen kleineren Städten und Gemeinden Ostdeutschlands haben zu großzügige Gewerbegebietsplanungen und die Erschließung planerisch abgesicherter Flächen zu einem Überangebot an geplanten und baureifen Gewerbearealen geführt. So verständlich angebotsorientierte Planungs- und Entwicklungsaktivitäten angesichts der Situation auf den meisten regionalen Arbeitsmärkten sind, muß doch mit Nachdruck vor einer weiteren massiven Erschließung ausgewiesener Gewerbeflächen abseits der Kernstädte gewarnt werden, wegen der Gefahr, weitgehend untergenutzte Flächen "zu produzieren". Hinzu kommt, daß starke "Angebotsüberhänge" zu einem für viele Kommunen ruinösen Preisverfall führen, wobei erschlossene Flächen häufig weit unter dem Herstellungspreis verkauft werden - falls es tatsächlich zu einem Verkauf kommt. Fallende Preise werden des weiteren zur Folge haben, daß sich vielerorts die zumeist kostenintensive Wiederaufbereitung von Industriebrachen nicht mehr rechnet und demzufolge unterbleibt.

Es wird empfohlen, eine angebotsorientierte kommunale Gewerbeflächenpolitik zu betreiben, um kurzfristig auftretenden Flächennachfragen ortsansässiger Firmen und von Ansiedlungsinteressenten entsprechende Grundstücke recht schnell anbieten zu können. Dem widerspricht nicht, wenn man gleichzeitig das lokale betriebliche Nachfragepotential und die regionalen Wachstumsaussichten analysiert oder von einer unabhängigen Einrichtung analysieren läßt. Vielmehr führt eine solche Herangehensweise zu einer eher realistischen Einschätzung notwendiger - oder auch zu unterlassender - gewerbepolitischer Aktivitäten.

Um Flächen zu sparen und um Kosten zu minimieren, wird empfohlen, verstärkt Gewerbeflächen auf dem Weg interkommunaler Zusammenarbeit zu planen, zu entwickeln und gemeinsam zu bewirtschaften. Diese Empfehlung mag durch nachstehende Gesichtspunkte untermauert werden:

- Durch interkommunale Kooperation läßt sich ein dem regionalen Bedarf entsprechendes Angebot schaffen, und sie trägt dazu bei, gewerbepolitische Fehlinvestitionen zu vermeiden.
- Gerade kleinere Städte sind mit dem Erwerb und der Erschließung relativ großer, den qualitativen und quantitativen Standortanforderungen der Unternehmen entsprechenden Gewerbeflächen finanziell und verwaltungsmäßig überfordert.
- Eine interkommunale Gewerbeflächenpolitik ermöglicht eine bessere Auslastung lokaler Infrastruktureinrichtungen.

Standortmarketing

Die Erfolgsaussichten der allgemeinen Standortwerbung, etwa durch Werbebroschüren sowie Zeitungsanzeigen, werden zwar von den kommunalen Wirtschaftsförderern in Deutschland insgesamt sehr skeptisch eingeschätzt; gleichwohl - und das ist nicht nur das Ergebnis der Difu-Umfrage - hält man bislang an dieser eher unergiebigen Form der Wirtschaftswerbung in vielen Städten und Kreisen fest. Wenn man indes bedenkt, wie gering das Potential ansiedlungswilliger Unternehmen insgesamt ist und mit welcher betrieblichen Akribie diese nach einem neuen Firmenstandort oder dem Standort für einen Zweigbetrieb suchen, wird deutlich, daß für die erfolgreiche Vermarktung der Gewerbeflächen einer Stadt oder eines Kreises andere, aufwendigere Wege beschritten werden müssen.

Erfolgversprechender für die Investorensuche sind sicherlich die Entwicklung und Umsetzung eines Standortmarketingkonzeptes, möglichst im Rahmen interkommunaler Zusammenarbeit mehrerer Städte bzw. Kreise unter Einbeziehung der zuständigen Landeswirtschaftsförderungsgesellschaft[1]. Empfehlenswerte Arbeitsschritte sind:

- die Suche geeigneter, in die Stadt/Region "passender" Firmen/Branchen einer auszuwählenden Zielregion des Standortmarketings;
- eine Eigendarstellung der Stadt/Region, speziell zugeschnitten auf die Zielregion in Form von Broschüren (mit präzisen Informationen z. B. zur Funktion der Stadt im Raum, zum Gewerbeflächenangebot, zur infrastrukturellen Ausstattung sowie mit städtischen/regionalen Unternehmensprofilen);
- eine (mehrtägige) Akquisitionsreise in die Zielregion, an der neben hochrangigen Vertretern der Stadt/Region auch ortsansässige Firmen teilnehmen sollten.

---

1 Diese Empfehlung beruht auf der Erfahrung sechs nordthüringischer Landkreise. Vgl. dazu *Markus Wessel*, Gemeinsamer Sprung über den großen Teich, in: Der Gemeinderat, H. 10 (1993), S. 28 f.

Der mögliche Erfolg einer solchen kommunalen Vermarktungsstrategie besteht nicht nur in der Anwerbung von Investoren, sondern auch in der Anbahnung von Unternehmenskooperationen.

Kontinuierliche Unternehmensbegleitung

Wirtschaftsförderung sollte sich als kontinuierliche Begleitung von Unternehmen verstehen. Die Aufgabe ist also mit Akquisition und Ansiedlung bei weitem nicht abgedeckt, sondern umfaßt eine regelmäßige intensive - häufig zeitaufwendige - Pflege des "Altbestandes" und neu hinzukommender Firmen. Dies geschieht durch Betriebsbesuche, Gesprächsrunden und diverse Beratungsangebote sowie durch die Anbahnung von Kontakten innerhalb der Verwaltung und zu anderen lokalen Akteuren. Die Beratungspalette reicht von der Standort- und Bauberatung bei der Ansiedlung von Unternehmen über die Finanzierungs- und Förderberatung bis zur Beratung bei Erweiterungs- und Nachbarschaftsproblemen sowie der Technologieberatung bereits ansässiger Unternehmen.

Eine kontinuierliche Begleitung der Unternehmen erleichtert auch die Einbindung der lokalen Wirtschaft in eine integrierte Stadtentwicklungspolitik und kann dazu beitragen ein "Wir"-Gefühl in der Stadt und Region zu erzeugen. Damit kann auch ein Bild regionaler Konsensfähigkeit - die immer stärker zu einem wichtigen Standortfaktor wird - nach außen vermittelt werden und das Potential der vorhandenen Firmen als "Zugpferde" für weitere Firmenansiedlungen besser ausgeschöpft werden.

Ortsansässige kleine und mittlere Betriebe haben für die kommunale Wirtschaftsentwicklung eine besonders große Bedeutung, zumal sich das Potential an Betrieben, die großräumige Verlagerungen vornehmen, immer mehr verringert hat. Die Betreuung dieser Unternehmen erfordert von den kommunalen Wirtschaftsförderungseinrichtungen aber besondere Bemühungen, da die Erfahrung zeigt, daß diese Unternehmen kaum "von allein kommen". Die Wirtschaftsförderung muß daher auf die Unternehmen zugehen, indem sie durch häufige Firmenkontakte (Betriebsbesuche, Firmensprechstunden) die in vielen kleineren Unternehmen nach wie vor bestehenden "Berührungsängste" zur Kommunalverwaltung abbaut. In den großen ostdeutschen Städten kann die Kooperation mit Unternehmen vielleicht durch eine stärkere Stadtteilorientierung der Wirtschaftsförderung - oder durch Dezentralisierung - erleichtert werden.

Einbindung der Technologieförderung in die kommunale Wirtschaftsförderung

Bisher haben nur wenige kommunale Wirtschaftsförderungseinrichtungen in Ostdeutschland häufige Kontakte zu Forschungseinrichtungen und Technologietransferstellen. Angesichts der großen Bedeutung technologieorientierter Unternehmen für die wirtschaftliche Entwicklung erscheint eine Intensivierung dieser Kontakte angezeigt. Seit 1990 sind in Ostdeutschland 60 Technologie- und Gründerzentren entstanden. Sie bieten Flächen und Bürodienstleistungen für Gründerfirmen sowie für etablierte Unternehmen und mittelständische Investoren an. Üblicherweise sind diese Zentren an Standorten angesiedelt, an denen bereits forschungs- und technologieorientierte Einrichtungen vorhanden sind, d.h. in der Regel an Hochschulstandorten.

In Ostdeutschland findet man jetzt auch Beispiele für Technologie- und Gründerzentren, die diese Regel durchbrechen und ihren Aufgabenbereich weiter definieren: Sie sollen die aktive Wirtschaftsförderung für eine ganze Wirtschaftsregion übernehmen und als zentrale Anlaufstelle für Firmen aus den alten Bundesländern fungieren, die Investitionen planen oder Kooperationspartner suchen[2]. Damit eröffnen sich für eine Reihe von Städten weitere Potentiale bei der Kooperation mit solchen Zentren.

Von besonderer Bedeutung für die Einbindung von Technologie- und Gründerzentren in die kommunale Gesamtstrategie und für deren Erfolg ist die deutliche Profilierung des einzelnen Zentrums, weil so eine Beliebigkeit des Konzepts vermieden wird. Möglich ist beispielsweise eine Ausrichtung auf regionale Problemschwerpunkte, in denen die Entwicklung technologischer Lösungen sinnvoll erscheint, und auf Technologiefelder, in denen bereits Einrichtungen oder Humankapitalvoraussetzungen in der Region bestehen. Für die Verbesserung der technologieorientierten Wirtschaftsförderung gibt es bereits eine Fülle erprobter Instrumente und Maßnahmen, von der regionalen Technologiemesse über Personaltransferprogramme, Qualifizierungs- und Weiterbildungsmaßnahmen, Technologierunden bis hin zu neuen Finanzierungsformen[3].

Steuerung der städtischen Einzelhandelsentwicklung

Kommunale Strategien zur Planung und Steuerung der Entwicklung des Einzelhandels müssen als Hauptziel verfolgen, eine nach Verkaufsflächenumfang, Betriebsformenaufteilung und räumlicher Verteilung des Einzelhandelsangebotes ausgewogene städtische Handelsstruktur zu erreichen. Betrachtet man die Situa-

---

2 Ein derartiges Technologie- und Gründerzentrum findet man beispielsweise in Genthin, Sachsen-Anhalt (vgl. *Handelsblatt* vom 26./27.3.1993).
3 Vgl. dazu ausführlich *Grabow/Henckel/Hollbach-Grömig*.

tion des Einzelhandels in den ostdeutschen Kommunen, insbesondere im Umland größerer Städte, so sind die negativen Auswirkungen der bisherigen Entwicklung deutlich zu erkennen. Um weitere Fehlentwicklungen zu vermeiden, wird empfohlen, bei den künftigen Aktivitäten folgende Punkte zu berücksichtigen:

- Bei weiteren Entscheidungen über die Zulassung großflächiger Einzelhandelsbetriebe sollte mit Blick auf die bereits vielfach vorhandenen Ungleichgewichte zwischen Verkaufsflächenumfängen in städtischen Außen- und Innenbereichen sorgfältig erwogen werden, welcher Standort in Frage kommt.
- Großflächige Einzelhandelsbetriebe an nichtintegrierten Standorten sollten Angebotsschwerpunkte haben, die auf nichtzentrenrelevante Sortimente konzentriert sind (z. B. Möbel, Kraftfahrzeuge, Bau- und Heimwerkerartikel). Die (kontrollierte) Zulassung des Verkaufs von Randsortimenten sollte eher restriktiv gehandhabt werden.
- Das "harte" Instrumentarium des Städtebaurechts (Baugesetzbuch und Baunutzungsverordnung) zur Steuerung der Begehren großflächiger Handelsbetriebe wird insgesamt als ausreichend "schlagkräftig" eingeschätzt. Von entscheidender Bedeutung ist seine konsequente Anwendung.
- Ein Hauptaugenmerk sollte auf die ausreichende Versorgung von Wohngebieten mit Gütern des kurzfristigen Bedarfs gelegt werden, weil sonst der immobile Teil der Bevölkerung Versorgungsgrundbedürfnisse nicht mehr befriedigen kann. Außerdem tragen Einzelhandelsbetriebe an integrierten Standorten dazu bei, den Einkaufsverkehr zu reduzieren.
- Die Umsetzung von Leitbildern und städtischen Handelskonzepten hängt stark von der Standfestigkeit der verantwortlichen Kommunalpolitiker ab. Einmal getroffene Ansiedlungs- und Standortentscheidungen müssen von den politischen Entscheidern dann auch "durchgestanden" werden.

Verwaltungsinterne Zusammenarbeit

Eine wesentliche Grundlage effektiver kommunaler Wirtschaftsförderung ist eine gut funktionierende verwaltungsinterne Zusammenarbeit. Die Unternehmen betrachten Wirtschaftsförderungseinrichtungen als besonders effektiv, wenn sie als zentrale Anlaufstelle fungieren, ihnen also die Verwaltungsdienstleistungen "aus einer Hand" anbieten können. Das setzt voraus, daß die kommunale Wirtschaftsförderung reibungslose, kontinuierliche Kontakte zu den Ämtern unterhält, die bei gewerbepolitisch relevanten Maßnahmen die Entscheidungsbefugnis besitzen, so beispielsweise zum Liegenschaftsamt beim Kauf und Verkauf von Grundstücken oder etwa zum Tiefbauamt, wenn die äußere und innere Erschließung eines Gewerbegebietes durchgeführt werden soll. Auch die direkte Unterstellung unter die Verwaltungsspitze kann das Image der "one stop agency" befördern.

Um die Rolle einer zentralen Anlaufstelle für Unternehmen ausfüllen zu können, ist eine aktuell gehaltene Informationsbasis nötig. Dazu gehört die Vernetzung der verwaltungsinternen Informationen aus den einzelnen Ämtern, verknüpft mit den betrieblichen Informationen. Eine Verkopplung der einzelnen Informationen kann durch den Einsatz von Informations- und Kommunikationstechnik unterstützt werden. Mit ihr läßt sich auch die Abstimmung zwischen den Ämtern erleichtern, was ganz wesentlich die Funktion der kommunalen Wirtschaftsförderungseinrichtung als zentrale Anlaufstelle unterstützt. Als Informationsgrundlage sowohl für die effektive Beratung von Firmen als auch für verwaltungsinterne Absprachen und Entscheidungen empfiehlt sich die Erstellung eines Gewerbeflächenkatasters und einer Betriebsdatei[4]. Bei der Suche nach geeigneten Standorten ist ein solches Flächenkataster (mit Daten über neue Gewerbeflächen, Gewerbebrachen und Baulücken) eine wichtige Entscheidungshilfe. Eine Betriebsdatei mit firmenspezifischen Daten (wichtige Betriebsstandorte, -größen usw.) hilft betriebliche Problemlagen rechtzeitig zu erkennen und zu bekämpfen.

Interkommunale Zusammenarbeit

Die interkommunale Zusammenarbeit ist für eine effektive kommunale Wirtschaftsförderung von besonderer Bedeutung. Zwischengemeindliche Kooperation statt Konfrontation bei einer ganzen Reihe von gewerbepolitischen Aufgaben ist nicht nur sinnvoll, sondern sogar dringend erforderlich. Das betrifft nicht nur die Bereitstellung von Gewerbeflächen sowie den Umgang mit großflächigen Einzelhandelsbetrieben, sondern auch die Steuerung des Wirtschaftsverkehrs, die gemeinsame Organisation und den Betrieb von Abfallbeseitungs- und Abwasserentsorgungsanlagen, aber auch gemeinsame Maßnahmen für eine Vermarktung des jeweiligen regionalen Standortes.

Zwar steht gemeindliches "Kirchturmdenken" vielfach Strategien der interkommunalen Kooperation noch im Wege. Gleichwohl zeigen erfolgversprechende Beispiele sowohl in West- als auch in Ostdeutschland, daß etwa bei der gemeinsamen Entwicklung und dem Betrieb von Gewerbegebieten sich nicht nur adäquate Organisationsformen für zwischengemeindliche Aktivitäten finden lassen, sondern auch einvernehmliche Lösungen bei den Kosten- und Ertragsfragen (ein Stichwort: Gewerbesteueraufteilung).

Die "richtige" Organisationsform gibt es nicht, vielmehr ist diese grundsätzlich von der Aufgabenstellung abhängig. Bislang dominieren bei der Organisation interkommunaler Zusammenarbeit als öffentlich-rechtliche Form die Zweckverbände und als privatrechtliche Form die GmbH.

---

4 Auf die Notwendigkeit dieser und weiterer Informationsinstrumente verweist *Heuer*, S. 126 ff. und S. 156 ff.

Folgende generelle Empfehlungen erscheinen wichtig:

- Interkommunale Kooperation führt nur bei konkreten Aufgabenfeldern zu brauchbaren Resultaten, ansonsten besteht die Gefahr der Verzettelung, "man diskutiert nur".
- Es muß ein entsprechender Handlungsdruck vorhanden sein; Auslöser für interkommunale Kooperation können sein: gemeinsame Probleme und gemeinsame Vorteile.
- Es müssen Handlungsansätze vorliegen bzw. Standortfaktoren gegeben sein (Beispiele: die Rahmenplanung für ein gemeinsames Gewerbegebiet, ein lokal abgestimmtes Einzelhandelskonzept, die Einrichtung von regionalen Technologietransferstellen).
- Politik, Verwaltung und Wirtschaft müssen zwischengemeindliche Aktivitäten tatsächlich wollen, sie müssen wirklich "an einem Strang ziehen".

In vielen Städten und Gemeinden bestehen noch Befürchtungen, die interkommunale Kooperation könne die Autonomie der einzelnen Kommune aushöhlen. Dem ist entgegenzuhalten, daß durch erfolgreiche gemeinsame Maßnahmen Planungs- und Entwicklungsprozesse beschleunigt werden und die kommunale Selbstverantwortung insgesamt somit eher gestärkt wird.

Staatliche Förderung der Infrastrukturausstattung

Vergegenwärtigt man sich die anfänglichen Defizite in ganz Ostdeutschland bei der Bereitstellung von erschlossenen Gewerbeflächen sowie die noch vorhandenen Mängel und Defizite bei technischen Infrastrukturen, wie etwa der Abwasserentsorgung und Abfallbeseitigung, so erscheinen die zahlreichen staatlichen Förderprogramme als unerläßliche Unterstützung zur Finanzierung kommunaler Maßnahmen. Die allerdings häufig nicht nur von den Städten und Gemeinden, sondern auch von der Wirtschaft beklagte Unüberschaubarkeit der gesamten Förderlandschaft könnte durch eine Straffung der Programmpalette seitens des Bundes und der Länder verringert werden. Um einzelne Programme den Anforderungen der kommunalen Wirtschaftsförderung besser anzupassen, müßte ebenso die kommunale Ebene stärker in die Konzeption einbezogen werden.

Literatur

Ameln, Ralf von, Planung, Organisation und Instrumente kommunaler Wirtschaftsförderung, Köln u.a. 1990 (Schriftenreihe des Landkreistages Nordrhein-Westfalen, Bd. 5).

Bach, Stefan, u.a. (Bearb.), Wechselwirkungen zwischen Infrastrukturausstattung, strukturellem Wandel und Wirtschaftswachstum. Gutachten im Auftrage des Bundesministers für Wirtschaft, Berlin 1994, Deutsches Institut für Wirtschaftsforschung.

Batzer, Erich, Deutscher Einzelhandel: Ungebrochene Dynamik im Westen - Neustrukturierung im Osten, in: ifo schnelldienst, H. 14 (1991), S. 21.

Bundesministerium des Innern (Hrsg.), Erleichterungen von Gewerbeansiedlungen in den neuen Bundesländern. Bericht und Empfehlungen der Unabhängigen Kommission für Rechts- und Verwaltungsvereinfachung des Bundes, Bonn 1992.

Bundesministerium für Raumordnung, Bauwesen und Städtebau (Hrsg.), Baulandbericht 1993, Bonn 1993.

Bundesministerium für Raumordnung, Bauwesen und Städtebau (Hrsg.), Büroflächenentwicklung im regionalen Vergleich, Bonn 1990 (Schriftenreihe Forschung, Nr. 484).

Bundesministerium für Raumordnung, Bauwesen und Städtebau (Hrsg.), Raumordnungsbericht 1993, Bonn 1994.

Bundesministerium für Wirtschaft, Wirtschaftliche Förderung in den neuen Bundesländern, Bonn 1994.

Bunzel, Arno, u.a., Satzung über den Vorhaben- und Erschließungsplan. Zweite vollständig überarbeitete Auflage unter Berücksichtigung der geänderten Rechtslage nach dem Investitionserleichterungs- und Wohnbaulandgesetz, Berlin 1994 (Difu-Arbeitshilfe Städtebaurecht).

Deutscher Industrie- und Handelstag (Hrsg.), Produktionsstandort Deutschland. Gewerbeflächen- und Auflagenpolitik der Gemeinden, Bonn 1990.

DIP Deutsche Immobilien-Partner (Hrsg.), Markt & Fakten '93/94, Berlin u.a. 1993 (Marktbericht der Deutschen Immobilien-Partner, Nr. IV).

Dohnanyi, Klaus von, Präferenzregelung hilft ostdeutschen Firmen bei öffentlichen Ausschreibungen, in: Handelsblatt vom 14.4.1994.

Europäisches Forschungsinstitut Königswinter/Magdeburg, Synopse der arbeitsmarktpolitischen Programme der neuen Bundesländer, Stand: Dezember 1993.

Fiedler, Heinz, Zehn Jahre Innovations-, Technologie- und Gründerzentren in Deutschland - wie geht es weiter?, in: Zehn Jahre Innovationszentren in Deutschland, Berlin 1993 (ADT-FOCUS, Bd.5).

Floeting, Holger, und Dietrich Henckel, Informationstätigkeiten, Telearbeit und telematikorientierte Stadtentwicklungskonzepte, in: Lebensraum Stadt. Mobilität und Kommunikation in den großstädtischen Agglomerationen der Zukunft, Berlin 1994.

Floeting, Holger, und Dietrich Henckel, Lean Production, Telematik, just-in-time. Stadträumliche Wirkungen neuer Produktions- und Logistikkonzepte, in: Stadtbauwelt vom 27.12.1993, S. 2620-2629.

Freyer, Bodo, Das TLG-Modell. Ein bewährtes Instrument zur Aktivierung des Grundstücksmarktes in den neuen Ländern, in: Informationen zur Raumentwicklung, H.1/2 (1994), S. 39-48.

Fürst, Dietrich, und Klaus Zimmermann, Standortwahl industrieller Unternehmen, Bonn 1973 (Schriftenreihe der Gesellschaft für regionale Strukturentwicklung, Bd. 1).

Fürstenberg, Martin, Regionale Standortmodelle und praktische Erfahrungen der Standortentwicklung in der Elektroindustrie. Thesenpapier zum Seminar des Instituts für Städtebau "Produzierendes Gewerbe, störendes Gewerbe - Standort Stadt" am 2./3. Mai 1994 in Berlin, Berlin 1994.

Gesellschaft für Wirtschaftsförderung Nordrhein-Westfalen (Hrsg.), Thema Heft 6: Wirtschaftsförderung. Berichte, Analysen, Meinungen, Düsseldorf o.J.

Gielow, Gisela, u.a., Grundregeln für den Aufbau EDV-gestützter Standortinformationssysteme, Berlin 1992 (Difu-Arbeitshilfe Kommunale Wirtschaftsförderung).

Grabow, Busso, und Beate Hollbach-Grömig, Zur Bedeutung des Standortfaktors "Kommunale Steuern und Abgaben", in: Der Gemeindehaushalt, H 7 (1994) S. 145-149.

Grabow, Busso, Dietrich Henckel und Beate Hollbach-Grömig, Weiche Standortfaktoren, Stuttgart 1995 (Schriften des Deutschen Instituts für Urbanistik, Bd. 89).

Grabow, Busso, Hans Heuer und Gerd Kühn, Lokale Innovations- und Technologiepolitik. Ergebnisse einer bundesweiten Erhebung, Berlin 1990 (Deutsches Institut für Urbanistik).

Hatzfeld, Ulrich, Innenstadt - Handel - Verkehr. Verkehrtes Handeln in ostdeutschen Innenstädten?, in: Informationen zur Raumentwicklung , H. 3 (1994), S. 181 ff.

Heckenbücker, Bernard, Entwicklung von gewerblichem Bauland in den neuen Bundesländern. Ein brandenburgisches Beispiel, in: Vermessungswesen und Raumordnung, H. 5 (1991), S. 229-245.

Heinz, Werner (Hrsg.), Public Private Partnership - ein neuer Weg zur Stadtentwicklung?, Stuttgart u.a. 1993 (Schriften des Deutschen Instituts für Urbanistik, Bd. 87).

Heising, Petra, und Heiner Schote, Aufschwung läßt auf sich warten. Zum Überangebot an Gewerbeflächen in den neuen Bundesländern, in: Deutsche Bauzeitung, H. 5 (1993), S. 146-150.

Heuer, Hans, Instrumente kommunaler Gewerbepolitik, Stuttgart u.a. 1985 (Schriften des Deutschen Instituts für Urbanistik, Bd. 73).

Icks, Annette, Kommunale Wirtschaftsförderung in den neuen Bundesländern, Bonn 1992 (ifm-Materialien, Nr. 92).

Institut für Stadtforschung und Strukturpolitik (IfS), Strategien zur Vermeidung zukünftiger Gewerbebrachen, Bonn 1992 (Materialien zur Raumentwicklung, H. 48).

John, Herbert, Kommunale Wirtschaftsförderung in Ostdeutschland: Keine Alternative zum "Supermarkt auf der grünen "Wiese"?, in: Der Landkreis, H. 2 (1994), S. 62.

Karrenberg, Hans, und Engelbert Münstermann, Gemeindefinanzbericht 1994, in: Der Städtetag, H. 3 (1994).

Klauke, Dirk, Der Speckgurtel läuft voll. Berlinferne Regionen haben Mühe, in: Der Tagesspiegel vom 24.6.1993.

Klaus-Stöhner, Ulrich, u.a. (Bearb.), Entwicklungskonzept Wirtschaft der Stadt Erfurt, Wiesbaden und Erfurt 1991 (HLT-Report, Nr. 312).

Klinger, Fred, Aufbau und Erneuerung. Über die institutionellen Bedingungen der Standortentwicklung in Deutschland, in: Das Parlament, Beilage B 17/94, vom 29.4.1994, S. 3-13.

Kommunale Gemeinschaftsstelle für Verwaltungsvereinfachung (KGSt), Organisation der Wirtschaftsförderung, Köln 1990.

Kühn, Gerd (Bearb.), Steuerungsmöglichkeiten der Einzelhandelsentwicklung in den neuen Bundesländern, Berlin 1992 (Difu-Arbeitshilfe Kommunale Wirtschaftsförderung).

Landeshauptstadt Erfurt, Amt für Wirtschaftsförderung, Jahresgeschäftsbericht 1993, Erfurt 1994.

Lennardt, Jörg, MBO in den neuen Bundesländern. Entstehung einer neuen Unternehmergeneration, in: Die Wirtschaft, H. 19 (1994).

Liegenschaftsgesellschaft der Treuhandanstalt mbH (TLG) (Hrsg.), Grundstücksmarktbericht 1993 Thüringen, Berlin 1993.

Ministerium für Stadtentwicklung und Verkehr des Landes Nordrhein-Westfalen (Hrsg.), Mobilisierung gewerblicher Bauflächen. Abschlußbericht der interministeriellen Arbeitsgruppe, Düsseldorf 1992.

Nederlands Economisch Instituut, Production related infrastructure in the new German Länder and East Berlin with examples of Sachsen, Sachsen-Anhalt and Thüringen, Rotterdam 1994.

Pinzler, Petra, Buddeln für den Aufschwung. Ostdeutschland: Zur Erschließung von Gewerbeflächen wird viel Geld in den Sand gesetzt, in: Die Zeit vom 26.11.1993.

Prognos AG, EG-Binnenmarkt und Beschäftigung, in: MatAB, Nr. 5 (1990).

Ruppert, W., Produktionsstandorte der Industrie im Urteil der Unternehmen, in: ifo schnelldienst, H. 19 (1979).

Sartowski, Roman, Organisation und Praxis kommunaler Wirtschaftsförderung - dargestellt am Beispiel der Kommunen Schleswig-Holsteins, Düsseldorf 1990.

Schiefer, Bernd, Kommunale Wirtschaftsförderungsgesellschaften. Entwicklung, Praxis und rechtliche Problematik, Köln u.a. 1989 (Studien zum öffentlichen Wirtschaftsrecht, Bd. 10).

Schmidt-Eichstaedt, Gerd, Städtebaurecht. Einführung und Handbuch mit den Sonderregelungen für die fünf neuen Bundesländer der Bundesrepublik Deutschland, Stuttgart u.a. 1993.

Schmidt-Eichstaedt, Gerd, Verfahrensdauer und Zeitablauf im Bauleitplanverfahren, in: Deutsches Verwaltungsblatt, H. 10 (1992), S. 652.

Stauder, Jochen, Grundlagen der kommunalen Wirtschaftsförderung, Marburg 1991.

Steinröx, Manfred, Medientest Wirtschaftsförderung. Auswertung von 35 Werbekampagnen zur Wirtschaftsförderung aus den Jahren 1991-1993. Text- und Bildanzeigen in Zeitungen und Zeitschriften, Hamburg 1993.

Steinröx, Manfred, Erfüllt die Wirtschaftsförderung die an sie gestellten Erwartungen?, in: Niedersächsischer Städtetag, H. 3 (1994), S. 58.

Stimpel, Roland, Luftschloß am Rand. Ostdeutsche Gemeinden planen immer noch zu viele neue Gewerbegebiete, in: Wirtschaftswoche vom 25.9.1992, S. 30-34.

Troje, Hans, Zielgruppenorientierte Regionalentwicklung. Wirtschaftsförderung in der Marktwirtschaft, Göttingen 1993.

Wegner, Manfred, Produktionsstandort Ostdeutschland. Zum Stand der Modernisierung und Erneuerung der Wirtschaft in den neuen Bundesländern, in: Das Parlament, Beilage B 17 94, vom 29.4.1994, S.14-23.

Wessel, Markus, Gemeinsamer Sprung über den großen Teich, in: Der Gemeinderat, H. 10 (1993).

Wollmann, Hellmut, Kommunalpolitik und -verwaltung in Ostdeutschland im Umbruch und Übergang, in: Roland Roth und Hellmut Wollmann, Kommunalpolitik. Politisches Handeln in den Gemeinden, Bonn 1993, S. 20-33 (Schriftenreihe der Bundeszentrale für politische Bildung, Bd. 320).

Wrobel, Bernd, Organisation und Aufgaben kommunaler Wirtschaftsförderungsdienstellen und -gesellschaften. Ergebnisse zweier Umfragen, Berlin 1979 (Deutsches Institut für Urbanistik).

Zöllner, Christian, Kreis als Motor kommunaler Wirtschaftsförderung, in: Der Landkreis, H. 2 (1994).

☐ Difu-Beiträge zur Stadtforschung

Migranten im Alter
Möglichkeiten kommunaler Altenhilfe
Von Ulla-Kristina Schuleri-Hartje
unter Mitarbeit von Hans-Georg Just
Bd. 12. 1994. 143 S., 7 Abb., 23 Tab. DM 35,–
ISBN 3-88118-177-6

**Städtebauliche Entwicklungsmaßnahmen –
ein Handbuch**
Von Arno Bunzel, Jochem Lunebach
Bd. 11. 1994. 378 S., 22 Abb., 34 Übersichten,
1 Tab. DM 64,–
ISBN 3-88118-176-8

Stadtperspektiven
Difu-Symposium 1993
Hrsg. von Heinrich Mäding
Bd. 10. 1994. 194 S., 7 Abb., 2 Übersichten.
DM 42,–
ISBN 3-88118-174-1

**Planspiel
Modell-Stadt-Ökologie**
Dokumentation des Verlaufs und der
Ergebnisse des Verwaltungsplanspiels
in Schwabach
Von Gerd Schmidt-Eichstaedt, Arno Bunzel,
Thomas Elsner, Stephan Jung, Walter
Metscher, Petra Neubauer
Bd. 9. 1994. 403 S., 83 Abb., 11 Tab., DM 52,–
ISBN 3-88118-170-9

☐ Arbeitshilfe Städtebaurecht/ Städtebauliche Planung

**Beiträge zum Investitionserleichterungs- und
Wohnbaulandgesetz**
Hrsg. von Robert Sander
1994. 195 S., Schutzgebühr DM 35,–

**Vorbereitung städtebaulicher Entwicklungs-
maßnahmen**
Von Arno Bunzel, Jochem Lunebach
1993. 81 S., Schutzgebühr DM 20,–

Baulandumlegung
Von Rainer Müller-Jökel, Lothar Hecker
1993. 74 S., Schutzgebühr DM 20,–

**Einfache Planungsinstrumente zur Steuerung
der städtebaulichen Entwicklung bebauter
Gebiete**
Einfacher Bebauungsplan, Erhaltungssatzung,
Gestaltungssatzung
Von Jochem Lunebach
1992. 37 S., Schutzgebühr DM 15,–

**Satzung über den
Vorhaben- und Erschließungsplan**
2., vollst. überarb. Aufl. unter Berücksichti-
gung der geänderten Rechtslage nach dem
Investitionserleichterungs- und Wohnbau-
landgesetz
Von Arno Bunzel, Thomas Elsner, Eckart
Scharmer
1994. 143 S., 8 Übersichten. Schutzgebühr
DM 35,–

Verlag und Vertrieb: Deutsches Institut für Urbanistik
Postfach 12 62 24 · 10593 Berlin · Telefon (0 30) 3 90 01-2 53